회 원 · 제33집

가경진	강광	강기주	강동기	강명옥
강민수	강방영	강부호	강안나	강인숙
강정식	강정애	고산지	고원구	고은순
고훈	곽광택	곽병희	곽종철	구춘지
권규학	권순악	권영억	권영춘	권영호
권오견	금동건	기청	길숙경	김관식

(사)한국시인연대

김관형	김기순	김낙연	김남호	김명자
김부치	김사달	김서연	김선옥	김선희
김순녀	김순희	김애숙	김애순	김영숙
김영옥	김옥녀	김옥향	김용호	김원길
김이대	김전	김전자	김정원	김정희
김종기	김주옥	김진태	김진하	김철규

회원 · 제33집

김태자	 김현숙	 김효겸	 김휘열	 나숙자
 남지연	 남현우	 노만옥	 노명서	 노민환
 노연희	 도경회	 류광열	 류창렬	 리창근
 마정선	 문정숙	 문지은	 박건웅	 박관호
 박광훈	 박대순	 박래흥	 박명희	 박병규
 박상진	 박성주	 박성희	 박숙영	 박신정

(사)한국시인연대

회 원 · 제33집

(사)한국시인연대

이양자	이영례	이우재	이원상	이은경
이은협	이재성	이정 님이룻	이종수	이지언
이진석	이창한	이한식	이한희	이형철
이흥규	임의숙	임종본	임향	장동석
장동수	장문영	장산	장인숙	장정순
장충원	장태윤	장형주	전관표	전순선

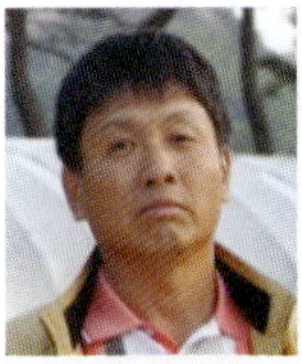

회원·제33집

| 전윤동 |  전현하 |  정권식 |  정기명 |  정성완 |

| 정성채 |  정수영 |  정옥화 |  정윤숙 |  정정근 |

| 정정례 |  정정순 |  정종규 |  정진덕 |  정진수 |

| 정찬우 |  정하해 |  정홍도 |  정홍성 |  조덕혜 |

| 조동선 |  조병서 |  조성학 |  조정일 |  조홍규 |

주광일

지성찬

진진욱

차영규

차용국

(사)한국시인연대

채명호	최경구	최경호	최계식	최광호
최상호	최영균	최유진	최인석	최정순
최정은	최진만	최창일	최형윤	추경희
추영호	하재룡	하지영	한병윤	한성근
허만길	허상회	현영길	홍건석	홍계숙
홍승표	홍인숙	황선호	황조한	황주철

(사)한국시인연대 2023

한국시인연대 사화집 제33집

한강의 시인 詩人

한강

발간사

(사)한국시인연대 사화집 제33집을 발간하며

　시를 통해 따스한 사랑의 집을 짓는 한국시인연대 회원 여러분 올해도 사화집을 통해 인사 드리게 되어 기쁩니다.
　(사)한국시인연대가 1991년 사화집 제1집 『한강의 새아침』을 시작으로 올해 제33집 『한강의 시인』을 발간하게 되었습니다.
　이는 일천여 명 회원 여러분께서 좋은 시詩로 참여하여 주셨고 이에 많은 독자분들의 응원의 박수가 있었기에 오늘의 시문학사에 큰 발자취를 남길 수 있게 되었다고 생각합니다.
　우리는 이 시대를 사랑으로 바라보며 사랑을 노래하는 밤하늘의 별처럼 함께 하고자 이 자리에 참여하였습니다. 눈에 보이는 것은 물론 눈에 보이지 않는 사려 깊은 성품까지도 읽으며 살아갑니다. 이런 시인의 가슴은 누가 뭐래도 따뜻하여야 합니다.
　우리는 지역적, 시간적, 환경적 여건으로 함께 모인다는 것은 참으로 어려운 일입니다. 또한 어떤 문화적인 사업을 추진한다는 것은 더욱 어려운 일입니다. 그럼에도 우리는 연 1회 사화집 발간을 통해서 내실 있는 작품 활동으로 많은 독자들과 만나고 있습니다.

어떤 처지에 있다 하여도 우리는 살아가는 삶 속에서 사랑과 희망을 발견함으로써 많은 이들에게 힘이 되는 좋은 시를 남기고자 합니다. 우리 시인 자신도 풍성한 작품 활동으로 빛과 바람과 세월과도 사귀어 가는 건강한 삶을 꿈꾸며 살아갔으면 합니다.

(사)한국시인연대가 대한민국의 대표 시인 단체로 활동할 수 있었던 것은 《문학공간》지를 36년 이끌어 오신 (사)한국문화예술연대 최광호 이사장님의 뜨거운 열정이 있었기 때문입니다. 그 노고에 감사함을 전합니다.

지난해는 기한 내 제출된 원고만을 편집하는 아쉬움이 있었습니다. 이제 앞으로는 더 많은 분들의 참여로 풍성한 사화집이 되기를 기대해 봅니다. 아울러 우리 한국시인연대에서 발간하는 사화집이 한국 대표 시인의 역사적인 발표의 장이 되고, 이에 독자분들의 많은 사랑을 받기를 기대해 봅니다.

아무쪼록 (사)한국시인연대 회원 여러분의 끊임없는 관심과 참여 그리고 열정을 부탁드립니다.

언제나 건필하시고 가내 행복이 같이 하시기를 기원드립니다.

2023년 12월
(사)한국시인연대 회장 박현조

목차

발간사 박현조

가경진	아름다운 삶을 위하여 외 1편/ 23
강 광	고향 외 1편/ 25
강기주	화개동 편지·1 외 1편/ 27
강동기	어이할꼬 외 1편/ 29
강명옥	백련봉 눈꽃 외 1편/ 31
강민수	꽃무릇·2 외 1편/ 33
강방영	마음에서 뽑아내는 실 외 1편/ 35
강부호	보랏빛 하늘 외 1편/ 37
강안나	그림 속에 갇히다 외 1편/ 39
강인숙	풍경 외 1편/ 41
강정식	산뽕나무 외 1편/ 43
강정애	섬, 이어도 외 1편/ 45
고산지	대나무 외 1편/ 47
고원구	가을의 향기 외 1편/ 49
고은순	가난한 사랑 외 1편/ 51
고 훈	민들레의 침묵 외 1편/ 53
곽광택	그리움 외 1편/ 55
곽병희	연무 소독일 외 1편/ 57
곽종철	소우주의 독백 외 1편/ 59
구춘지	여름날 육자배기 외 1편/ 61
권규학	하루살이 외 1편/ 63
권순악	추억의 장작불 외 1편/ 65
권영억	연꽃 외 1편/ 67
권영춘	동백꽃 외 1편/ 69
권영호	산수유꽃 피는 마을 외 1편/ 71
권오견	담장 길 지날 때 외 1편/ 73
금동건	낙엽도 서로 부대끼며 모여서 산다 외 1편/ 75
기 청	나이테 외 1편/ 77
길숙경	뜨거운 눈물 외 1편/ 79

(사)한국시인연대

81 /딱따구리 외 1편　김관식
83 /마음 외 1편　김관형
85 /불씨 외 1편　김기순
87 /동심원 외 1편　김낙연
89 /모교 외 1편　김남호
91 /삶의 소리 외 1편　김명자
93 /봄바람은 달다 외 1편　김부치
95 /멀티 선의 비명 외 1편　김사달
97 /자하문 외 1편　김서연
99 /우리 곁에 오는 소리 외 1편　김선옥
101 /바람 불어와 기억을 데려갔나 외 1편　김선희
103 /부부 사진 외 1편　김순녀
105 /고속도로 외 1편　김순희
107 /자작나무 숲 외 1편　김애숙
109 /강변 찻집 외 1편　김애순
111 /반딧불 외 1편　김영숙
113 /골목 풍경 외 1편　김영옥
115 /산 외 1편　김옥녀
117 /우리 외 1편　김옥향
119 /시골집 외 1편　김용호
121 /그랬었구나 외 1편　김원길
123 /쑥부쟁이 꽃 필 때 외 1편　김이대
125 /바람이 하는 말 외 1편　김　전
127 /아니야 난 외 1편　김전자
129 /까치밥 외 1편　김정원
131 /구름 운필 외 1편　김정희
133 /바람의 본디 외 1편　김종기
135 /덕유산 가는 길 외 1편　김주옥
137 /마음에서 마음으로 외 1편　김진태
139 /샛별 외 1편　김진하
141 /그늘꽃　김철규

목차

김태자 남에게 외 1편/ 142
김현숙 풀꽃으로 우리 흔들릴지라도 외 1편/ 144
김효겸 서화 전시회 외 1편/ 146
김휘열 바람이 꽃을 피우다 외 1편/ 148
나숙자 갈대 외 1편/ 150
남지연 도시의 오후 외 1편/ 152
남현우 삶의 전망대 외 1편/ 154
노만옥 야망의 꿈 외 1편/ 156
노명서 간월암 외 1편/ 158
노민환 화왕산 억새 외 1편/ 160
노연희 나무 서리 외 1편/ 162
도경회 살구꽃 바람에 날리고 외 1편/ 164
류광열 비가 외 1편/ 166
류창렬 분꽃이 피었구나 외 1편/ 168
리창근 사고로 누워 외 1편/ 170
마정선 80리 길 외 1편/ 172
문정숙 숨 쉬는 옹기 외 1편/ 174
문지은 발우 외 1편/ 176
박건웅 세월의 가재 외 1편/ 178
박관호 겨울나무 외 1편/ 180
박광훈 영원히 그리움으로 외 1편/ 182
박대순 여정, 그 사이 외 1편/ 184
박래흥 기도하는 나라 외 1편/ 186
박명희 겨울 장터 외 1편/ 188
박병규 연꽃 외 1편/ 190
박상진 철딱서니 외 1편/ 192
박성주 대화 외 1편/ 194
박성희 가을은 외 1편/ 196
박숙영 십자가 목걸이 외 1편/ 198
박신정 가을밤에 외 1편/ 200
박연희 겨울 연가 외 1편/ 202

204 /가끔 그 숲길에서 외 1편	박영순
206 /보고픔이여 외 1편	박영춘
208 /멸치 쌈밥 외 1편	박일소
210 /단풍과 검버섯 외 1편	박정자
212 /이렇게 살다가세 외 1편	박종대
214 /금수강산 외 1편	박진남
216 /귀울음 외 1편	박진희
218 /아내 외 1편	박현조
220 /가을 산사에서 외 1편	박화배
222 /풍경 외 1편	박희성
224 /쌀은 삶을 준다	박희익
226 /해안선 외 1편	방정순
228 /춤사위 외 1편	배종숙
230 /나무의 말 외 1편	백덕순
232 /하늘을 날으고 싶은 날 외 1편	백영헌
234 /내 딸아 외 1편	백호을
236 /석류꽃 외 1편	변보연
238 /영산홍 외 1편	서원생
240 /풍요와 그늘 외 1편	서정원
242 /아담의 페르소나 외 1편	석희구
244 /그것은 사랑입니다 외 1편	성 례
246 /부모님 무덤 앞에서 외 1편	성분숙
248 /나 하나 논 갈아 외 1편	성진명
250 /지호지간 외 1편	송낙현
252 /뜰 한가운데 선 소나무 외 1편	송연우
254 /어머니 꽃 외 1편	송창희
256 /병실에 첫눈이 오던 날 외 1편	신동호
258 /미나리 생명 외 1편	신선진
260 /허상 외 1편	신윤호
262 /무궁화 꽃 외 1편	신익교
264 /파도 외 1편	신혜경

목차

심종은　헛된 하루 외 1편/ 266
안병민　가을이 떠나기 전에 외 1편/ 268
안숙자　내가 아닌 나 외 1편/ 270
양순승　뒷눈 구합니다 외 1편/ 272
양지숙　웃다 외 1편/ 274
여동구　미세 먼지 외 1편/ 276
오낙율　나팔꽃 외 1편/ 278
오병욱　나를 정말로 사랑하면 외 1편/ 280
오정실　세월 외 1편/ 282
오희창　들국화 외 1편/ 284
우도환　행복마트 외 1편/ 286
우태훈　계묘대각 외 1편/ 288
원수연　산울림 외 1편/ 290
유경환　몽천암 샘물을 마시며 외 1편/ 292
유인종　망월산 외 1편/ 294
윤명학　오십이야 외 1편/ 296
윤초화　무궁화동산 외 1편/ 298
윤하연　대나무 숲길 외 1편/ 300
윤한걸　나는 누구인가·225 외 1편/ 302
이근모　나목을 보며 외 1편/ 304
이기종　어느 노인의 고독 외 1편/ 306
이대전　달력을 걸면서 외 1편/ 308
이돈배　바닷가 하얀 주목 외 1편/ 310
이문희　낙엽 구르는 소리 외 1편/ 312
이상규　사랑 가꾸기 외 1편/ 314
이상진　삶, 여유 외 1편/ 316
이성남　백련암 행자 시절 외 1편/ 318
이순우　DMZ 155마일 외 1편/ 320
이양자　구절초 외 1편/ 322
이영례　승무 외 1편/ 324
이우재　청양 문화/ 326

327 /달력 외 1편 이원상
329 /밤바다 외 1편 이은경
331 /눈감으면 외 1편 이은협
333 /전철 외 1편 이재성
335 /눈 외 1편 이정님 이룻
337 /까치밥 단상 외 1편 이종수
339 /밤에, 정암해변 외 1편 이지언
341 /해안선 외 1편 이진석
343 /11월 외 1편 이창한
345 /어찌 잊으랴 외 1편 이한식
347 /잊지 못할 연정 외 1편 이한희
349 /항아리의 마음 외 1편 이형철
351 /새벽 외 1편 이흥규
353 /마음 외 1편 임의숙
355 /정 외 1편 임종본
357 /지는 잎새 외 1편 임 향
359 /바람의 충고 외 1편 장동석
361 /저녁노을의 속삭임 외 1편 장동수
363 /단풍 외 1편 장문영
365 /생명의 빛, 명상의 노래 장 산
367 /고려산의 진달래꽃 외 1편 장인숙
369 /완행열차를 닮은 편지 외 1편 장정순
371 /제부도 외 1편 장충원
373 /별 외 1편 장태윤
375 /슬픔의 타인 외 1편 장형주
377 /미련 외 1편 전관표
379 /가슴이 미는 말 외 1편 전순선
381 /참된 시 외 1편 전윤동
383 /산행기 외 1편 전현하
385 /가을에는 외 1편 정권식
387 /멀리 떠난 그대 외 1편 정기명

(사)한국시인연대

목차

정성완　제비꽃 외 1편/ 389
정성채　그리운 얼굴 외 1편/ 391
정수영　봄비·2 외 1편/ 393
정옥화　코스모스 외 1편/ 395
정윤숙　2023년 가을 단상 외 1편/ 397
정정근　겨울 스캔들 외 1편/ 399
정정례　넝쿨장미 외 1편/ 401
정정순　그림자 외 1편/ 403
정종규　11월의 안부 외 1편/ 405
정진덕　꽃비 내리는 날 외 1편/ 407
정진수　낚시 외 1편/ 409
정찬우　그리워지는 사람 외 1편/ 411
정하해　흰 나비 발 외 1편/ 413
정홍도　세월 따라 물 따라 외 1편/ 415
정홍성　일몰 외 1편/ 417
조덕혜　별에게 물었다 외 1편/ 419
조동선　5월의 향기 외 1편/ 421
조병서　행복은·1 외 1편/ 423
조성학　검은 바위와 소나무 외 1편/ 425
조정일　싸만코붕어 외 1편/ 427
조홍규　쉿, 해 보는 소리라고 외 1편/ 429
주광일　단풍 외 1편/ 431
지성찬　고추잠자리 외 1편/ 433
진진욱　우연 외 1편/ 435
차영규　마음속의 작은 혹 외 1편/ 437
차용국　여섯 시 외 1편/ 439
채명호　밥상머리 외 1편/ 441
최경구　조사·2 외 1편/ 443
최경호　날것의 시 외 1편/ 445
최계식　친구 생각 외 1편/ 447
최광호　그리운 별 외 1편/ 449

(사)한국시인연대

451 /귀촌 외 1편 　 최상호
453 /단풍 외 1편 　 최영균
455 /사랑·1 외 1편 　 최완욱
457 /산도라지 꽃 외 1편 　 최유진
459 /국화꽃을 피우다 외 1편 　 최인석
461 /동구 정자나무 외 1편 　 최정순
463 /화폭의 선점 외 1편 　 최정은
465 /얼굴 외 1편 　 최진만
467 /주름 외 1편 　 최창일
469 /운봉산 외 1편 　 최형윤
471 /밥 외 1편 　 추경희
473 /폭설 외 1편 　 추영호
475 /웅얼웅얼 찔레꽃 노래 외 1편 　 하재룡
477 /시간의 파편·1 외 1편 　 하지영
479 /산내 가는 길 외 1편 　 한병윤
481 /여린 맘 달래려고 외 1편 　 한성근
483 /끝과 시작 외 1편 　 허만길
485 /용궁사 가는 길 외 1편 　 허상회
487 /이 또한 기쁘지 않은가 외 1편 　 현영길
489 /어머니와 고향 외 1편 　 홍건석
491 /한해 마지막 날에 기도 외 1편 　 홍계숙
493 /사물놀이 외 1편 　 홍승표
495 /내가 버린 쓰레기의 책임을 져야 외 1편 　 홍인숙
497 /동백꽃 외 1편 　 황선호
499 /갈대의 사랑 외 1편 　 황조한
501 /눈물 외 1편 　 황주철

한국시인연대상 운영에 관한 세칙
한국시인연대 제17대 임원

(사)한국시인연대 2023

한국시인연대 사화집 제33집

한강의 시인 詩人

아름다운 삶을 위하여 외 1편

가│경│진│

아름다운 삶을 위하여
나는 이렇게 살아야 하겠다
짧다면 짧을 수 있고
길다면 길 수 있는 삶을 살면서
슬프고 힘들고 아픈 마음
오롯이 극복하고 평안을 얻기 위해
남은 삶을 이렇게 살아야 하겠다

지난날의 슬픔과 아픔을 잘 헤아리고
감사와 고마운 마음으로 기억하리라
삶을 힘들고 아프게 하는 이들을 위해
이해하고 용서하고 사랑을 배우고 익히어
평안한 마음으로 내일을 맞이하리라
이승을 떠나는 날 미소로 작별하기 위해
남은 삶을 나는 이렇게 살아가리라.

종심從心 · 2

예전에 미처 깨닫지 못했던 일들이
이제는 가슴 깊이 와닿습니다
당신의 눈가에 주름진 얼굴이
내 눈에 아름다움으로 보입니다
당신의 굼뜨고 비둔한 몸짓들이
순결하고 숭고해 보입니다

세상에 하찮이 여기던 모든 것들
길가에 작은 풀꽃 한 포기, 잡초, 산새
심지어 무리 지어 다니는 개미마저
이제는 가슴 깊이 와닿습니다

지난날 일상에 각별하지 못했던 삶이
이제는 가슴 깊이 와닿습니다
당신을 사랑한다는 흔한 말조차
이처럼 새롭고 신비한지
예전에 미처 깨닫지 못했던 것들이었습니다.

고향 외 1편

강 | 광 |

듣기만 해도 가슴 설레는 고향
태어나고 자라서 키워 준 영원한 고향

그 고향은 유서 깊은 곡창지대요 먹을거리를 지켜 준 농촌
민심이 후하고 충효전신이 살아 숨 쉬는 고향

나를 만들어 주고 국가와 국민을 위해 봉사한 지 37년
청춘을 바치고 애간장 녹이는 세월이 아니었던가

그래도 고향이 고마웠고 행복이 있답니다
항상 든든한 고향이 있어 민선시장, 경찰서장 가슴에 담았지 않은가

그래서 고향만 생각하면 어머님 사랑
고향 어르신들이 주신 훈훈한 정에 감사 드린답니다

고향은 마냥 좋은 것, 가고 싶어 하는 곳이다네
우리 모두 고향을 찾아보고 내일을 설계하는 고향인이 되어 보자구려.

어머님

장맛비가 내린다
상념에 젖어 그리어 본다
어머님을

자식을 위해 일생을 묻어 두고
논밭으로 헤매다 등이 굽은 어머님
그리워진다

등 굽은 모습 보며
병원에 모시지 못했던 젊은 날
후회한들 무얼 하나
그리운 내 어머님

불효자식의 뜨거운 눈물 올리니
자애로운 미소로
저 하늘에서 바라보시네

다시 만나 뵈어진다면
잘 모셔 보리 다짐하네.

화개동 편지 · 1 외 1편

강 기 주

한 그루 꽃송이는
시간을 등지지 않고

피어난 향기로
세상을 향하고 있다

친구야
너는 나의 꽃
멋지도록 살아 보자.

화개동 편지 · 2

구름 없는 하늘 아래
물소리가 귀여워요

수석들은 소근소근
일상들을 논하고

흰머리
삶의 세계에
소리 없는 애증이다.

어이할꼬 외 1편

강 동 기

긴긴 겨울 지나
살랑거리는 바람에
버들강아지 춤추고
마실 나온 고양이
볕바라기 즐기는데
거리 두기 지속되니
그리움만 사무친다

은은한 달빛 아래
솔향기 풍기고
기다리고 기다리던
봄은 오는데
거리 두기 지속되니
향긋한 그 사람
떠나만 간다.

사랑 · 2

한번 앓으면
헤어나기 어려운 열병이거늘
빨간 석류처럼 익어 가다
터질까 봐 걱정이네

저 멀리 석양에 물들어 가는
저녁노을은
누구를 사모하기에
그렇게도 애잔한가

울긋불긋 절정으로 치닫는 순간
마음 비울지어다

가슴앓이할지언정
빠지고 싶은 마력 같은 것
무슨 신비감 있기에
그렇게도 매료되는가

시작이 있으면 끝이 있다지만
감칠맛나게 하는 영원한 향신료로다.

백련봉 눈꽃 외 1편

강|명|옥

만세고개 지나 백련봉※
동화의 나라인 듯한
눈 덮인 오솔길 걸으면
눈길 닿는 곳마다 천하 절경
봄꽃을 피우던 영산홍
겨울을 읽는 옷 벗선 가지마다
손님처럼 선물처럼 찾아온
눈꽃 목화솜 꽃인가 하면
하얀 천국에서 내려온 안개꽃
날개 없는 깊은 여운을 주는
봄꽃 환희의 미소 덧씌워지는 것은
제행무상諸行無常의 진리를 품는다
세월 머물러 있는 산길의 향수
눈꽃을 덧입고 덧입은 풍상
달려온 겨울바람에 낭창거리는 물상
휘어지도록 그리움 품은 아린芽鱗※
여백과 곡선이 있는 모던한 동양화처럼
광대무변 우주를 품은 듯하다.

※경기도 평택 덕암산(백련봉)
※아린: 나무의 겨울눈을 싸고 있으면서 나중에 꽃이나 잎이 될 연한 부분을 보호하고 있는 단단한 비늘 조각

흰죽

청상의 여로 저미는 아픔 가슴에 묻고
먹물로 번지는 지난 흔적을 지우는
무거운 삶의 무게를 견뎌야 했던 어머님
별빛이 하늘 깊이 멀어져 가는 밤이면
시린 가슴으로 긴 밤을 건너야 하는 애련

날마다 흰죽을 드셔야 하는 만성 위장병은
정성을 다하여 끓인 죽이지만
입맛을 잃은 탓에 사유가 방황하는 속내
구름에 묻혀 비가 되었을 날은 가고
돌아올 언약 없이 천상의 나라로
바람 떠나듯 구름 가듯 떠나가신 어머님
그곳엔, 아픔도 외로움도 없어실까?
그곳엔, 고통도 그리움도 없어실까?
세월의 페이지마다 남아 있는
유물처럼 옹이가 된 흔적들
어머님을 위하여 끓이던 흰죽
이젠 나를 위하여 얇은 내막이 끓는
쌀 알갱이들이 제 몸을 풀어낼 때마다
어머님의 그림자 어룽지는 사연.

꽃무릇·2 외 1편

강|민|수

여인의 핏빛 설움
그늘진 계곡에 환장하게 피어
눈짓에도 흔들리는 왕관을 쓴 머리채
그 애달픔,
사랑의 뒷모습 저리도 애처로운 걸까

속세의 그리움이 눈빛 모은
야단野壇에 법석法席
있는 것이 없는 것이요, 없는 것이 있는 것이라는
무위無爲
한 말씀 흘려 놓고
저리 붉은 가슴
안개비 밟고 가는 골짜기 곳곳마다
돌아서 가지 못하게 불을 질러 놓았습니다

꽃무릇 한 송이 뚝 잘라 보고 싶은 욕망
내 마음의 누란累卵입니다
불경입니다
내 안의 화엄경석 화엄총총 자리를 뜹니다

불립문자不立文字 훠이훠이 길 떠납니다.

묵시록默示錄 · 2
―비석碑石

몸의 언어로 다하지 못한 말
차마 할 수 없어 가슴에 새긴 말
살아서는 욕망하지 못하는
죽어서야 갖는 훈장

바람이 수시로 빈방을 다녀가고
작은 꽃들 지천으로 핀다
이전에 듣지 못한
바람 박힌 얘기 단지
그 빗살무늬 소릴 듣는다

경계의 훈장놀이 부질없다
허기진 바람이다

추억으로 피는 흔들림
폐매어야 할 일 있을지 몰라
실꾸리에 또 실을 감는다

오늘도 문패를 닦는다.

마음에서 뽑아내는 실 외 1편

강 | 방 | 영

영롱하면서도 투명하고
구불구불 따스하나
손 뻗어 잡을 수 없고
눈물처럼 촉촉하나
오로지 스며들 뿐
아무 데에도 그 흔적은 없는
마음에서 뽑아내는 실,
아, 노래여!

기억의 문

이국의 도시
낯설어 뒤척이는 잠
새벽에 문득 들려오는 새소리
고향 집 나무에서 지저귀던
그 새의 소리인 듯
현실과 꿈을 잇는 경계선
잠결에 울려오는 새소리

활짝 열리는 기억의 문
다정함이 강물로 밀려오고
멀리 넓은 들이 펼쳐진다.

보랏빛 하늘 외 1편

강 부 호

저쪽 서산
얕은 하늘가에
보랏빛 수를 놓고

신작로길 가로수 황토빛
물감으로 그림 그렸네

토담 너머
감나무 가지엔 금빛이 출렁이고

강냉이 고추밭에도
수줍은 듯 가을을 맞는다

여름의 강렬했던
금빛 은빛은

가을 맞은 풍성함으로
소박한 농부의 벗이었으니
무한사 깊은 보은 끝이 없으라.

엄마가 보인다

엄마가 몹시 그리워지는 날에는
맑고 깨끗한 기쁨의 얼굴이 보인다
허리도 성치 않는 몸으로
고된 일과가 거듭는 모습으로

둥지 엄마 찾아온 새끼들을 본
엄마의 미소는 감출 수 없는 표현임을
가을의 찬거리 다듬는
엄마의 손이 보인다

할머니 이야기다
네들 엄마가 시집왔을 때 너무 고왔단다
그때가 보인다
아낌없는 사랑을 나누던 삶,

달빛에 빛나는
담갈색 낙엽을 밟으며
홀로 엄마를 생각하는 그리움으로
나는 본다.

그림 속에 갇히다 외 1편

강｜안｜나

여인이 웃는다
누구를 기다리나
성당길 모퉁이 달랏 아가씨

바람의 기억조차 없는
담배 연기 누렇게 밴 골방
늙은 화가의 푸른 목마름

낯선 웃음 되돌려
슬픔을 쥔 그녀를 품는다

꽃 피고 눈 내리는
그렇게 허물어져 내린 시간
가슴에 형벌 같은
붉은 꽃잎 수놓으며

어느새 나도
그림 속에 갇힌 여인이었다.

내 안에 노을길

청안에 놓친 것들이 노안에 훤하니
세상 빛이 찬연하다

새벽 산책로
가지 많은 느티나무
바람이 두고 간 업둥이 품고 있어

아서라, 야속한 세월
노생의 한단지몽邯鄲之夢

사랑이 머리에서 가슴으로 오는데
칠십 년이 걸렸다는 어느 현인의 말

푸른 가슴 베고 누우니
눈시울이 뜨겁구나

멀고도 먼 참삶의 길.

풍경 외 1편

강│인│숙

그 개울가 다다르면 뒤돌아봄도 없이
떠나고만 있는 저 빠른 걸음
나만 남겨지는 야속함이
개울가 지천인 갈대 외로움 되어서
바람결 옷자락이라도 붙잡아 본다

고즈넉한 풍경 속 명랑하기만 한 저 발소리
닮았음이 그 하나 멈추지 않음이 닮았음이
떠나기만 함이 세월과 닮아
함께라는 모든 것을 잃어버린 이 상처에
한스러운 눈물 배어나 함께 띄운다

그 걸음 어딘가에서
그리움 다시 만날 수 있다면
그럴 수만 있다면
그렇게 먼 길 다시 돌아
함께하는 예전이 되어서
낙엽 지고 눈 흩날리는 계절이라 해도
저 개울 물소리 흥 되어 살 거 알아.

눈

그 사랑에 아쉬움 찾아 걷다가
산 넘고 강 건너
첩첩산중 길 끊인 곳까지 왔네

자욱하니 하얀 기다림
끝없는 듯이 무너지고 있네
안개꽃인 듯이
잎 잎마다 피어나고 있는 기억들이
아궁이 솔잎 타는 향 불러오네
불꽃 속 젖은 옷 말리는 외로움이
타닥타닥 솔잎 추억 듣고 있네

숲도 하얀 그리움 꽃 피우고 꿈길 걷고 있네
결코 다가오지 못할 곳
계곡 물소리에 둘러싸여
이제 다신 나가고 싶지 않은 세상
쌓이거라
끝없이 쌓이거라
그래서 이 첩첩산중 이대로 살고 지고.

산뽕나무 외 1편

강│정│식

산에 있어야
더 싱싱하게 살
산뽕나무가
집 울타리 옆에 심어져
그 여름
그 가을
지나고 나서 노오란 뽕잎
단풍을 만들었고나
작은 개울 소리
산새들 노래 없어도
그곳에서 불던 바람이
여기에도 있으니
산뽕나무는
외롭지 않네.

눈비 오는 날엔 청국장이 먹고 싶다

늦은 가을이라고 할까
아니면 첫 겨울이라고나 할까
눈비가 섞인 가랑비가 추적추적
내리는데 이런 날은
온돌방 아랫목에서
어머니나 아내가 지져 주는
냄새 짙은 청국장이 먹고 싶다
이미 이런 것 해줄 두 사람
이승 떠난 지 오래되고
늘 혼자인 방과 거실엔
읽다 만 책들이 여기저기 팽개쳐 있고
뒷방 서재 책상 위엔 원고지만
글씨 채워 주길 바라는구나
이렇게 사는 게 몇 년째이고
앞으로도 이러겠지
먹고 입고 자고 웃고 떠들고 살지만
늘 몸과 맘 한구석이 허전한 건
눈비가 주룩주룩 와서일까.

섬, 이어도 외 1편

강│정│애│

바람 불수록 깊어만 가는 작은 섬, 이어도에서
우리는 푸른 바다를 품은 풍경을 보며 살아왔습니다

바다가 하늘을 만나고 찬란히 빛나던 해가 지면
그 아름다움에 흠뻑 빠져들곤 했습니다

작은 어촌의 정겨움과 행복한 웃음들
곱게 흐르는 노래는 포말을 일으키며 춤을 춰냈습니다

그래서 더욱 만나고 싶은 섬, 이어도
바람 불수록 사랑으로 동동 매여 있는 섬,

이어도, 이젠 그 이름만으로도
그 이름만으로도 사랑이 되어 갑니다.

가을이 올 무렵

막차 같은 시간이 올 즈음 내 하루의 일기장엔
그날들의 마감을 싣곤 했습니다

그리곤 어디론가 시간 여행을 갔습니다
흐르는 눈물의 파도를 타고

그러다 눈물에 미끄러져
물마냥, '쑤욱' 빠져나오기도 했습니다

그런 자신이 부끄러워 다독거리며
너그러운 마음이 되어 주기도 했습니다

그렇게 한참 눈물로 자신을 씻어 내고
푸른 바다를 바라봤습니다

2023년 가을이 올 무렵
지금도 난, 그 눈물을 닦고 있습니다.

대나무 외 1편

고│산│지

고기 먹지 않으면 몸은 수척하지만
대나무 없다면 몸이 저속해진다 하여
대나무를 선택한 소동파蘇東坡

풀도 아닌 것이 나무도 아닌 것이
꽃 피고 열매를 맺자
죽미竹米로 밥도 하고
죽실竹實로 떡도 하네

아래로 숙인 댓잎사귀
겸손의 상징이오
텅 빈 대나무 속 무욕無欲을 나타내네

곧게 뻗은 줄기 마디마디 또렷함은
강직함의 표상이오

대나무 꽃 핀 후
함께 죽는 기개氣槪
군자君子의 성품이네.

감나무

감 떨어지기 전
감을 따네

감 열린 감 나뭇가지
두들겨 감을 따네

검은 감 나뭇가지
푸른 잎은 울긋불긋

노란 감꽃자리
붉은 감이 열렸네

말린 곶감
서린 하얀 가루

오색찬란한 삶
오상五常의 진리 담겨 있네

살아생전 칠덕七德을 펴니
시유칠절柹有七絶이라

두들겨 감을 따야
해거리 않는 겸손

깨닫는 자者 깨닫네.

가을의 향기 외 1편

고 원 구

높고 푸른 하늘 바라보다
문득 햇살 떨어지는 봉우리에서
황홀하게 불타오르는
노을이 가슴을 설레게 하네

마음속
오선지에 가지런히 앉은
높은음자리에서
낮은음자리까지
잘 익은 가을 향기가
한 소절 한 소절씩

대지로 떨어지고 있는
가을의 향기 악보 그려 놓고

푸른 잎새들이
그렇게
가을을 아름답게
하나씩 하나씩 익어 가고 있구려.

덕유 농장

수겁의 시간을 빚어 내린
바위를 이불 삼아
아름으로 빚어 내린 계곡
붉은 꽃사슴 울음소리가
마음을 설레게 하네

만개한 나뭇잎에 매달린
싱그러움 그 향기
흩뿌려진 계곡에 솔향 그윽하게
가슴을 찢어내는 듯 아려오고

바위틈 사이사이를 비집고
파란 하늘이 내려준
맑고 밝은 태양은
입맛을 쩝쩝 다시는데

풍요롭고 신비로운 자태
그 싱그러움이
좌절을 곱셈하듯 딛고
홀로 서 있는
덕유 농장을 보듬고 있네.

가난한 사랑 외 1편

고 은 순

마음이 가난한 내가
그대를 사랑한다는 것은
참으로 끝이 없는 길을
걸어가는 황망한 일이오
창백한 낯빛으로 떠다니는
낮달처럼 쓸쓸한 일이오

마음이 가난한 내가
그대를 붙들고서
한겨울 고드름보다
더 날카로운 말끝으로
가시 돋친 눈빛으로
그대 가슴 찌르고
그대 마음 할퀸 것을
그대가 떠나고난 후에야
알게 되었습니다

부드러운 입술로 사랑 섞인
그 흔한 말 한마디
따뜻한 눈길 한번 전하지 못한
마음이 가난한 아픈 사랑이었음을
그대가 보이지 않고서야
알게 되었습니다.

인생길

봄 여름 지나 가을 저편에 서서
인생의 계절을 뒤돌아보니
굽이마다 그리움만 가득한
기나긴 여정

기우는 노을 길에도
꽃은 피고 지듯
사연 없는 삶이 어디 있겠냐마는

아픈 날보다 좋은 날들이
눈물보다 웃는 날들이 더 많았다고
주문을 외우며

다시 깊은 가을 속으로
쓸쓸히 걸어간다

아직은 온전히 남아 있는 하얀 겨울
아낌없이 사랑하며 베푸는
아름다운 인생길에
당신이 함께였으면 좋겠습니다.

민들레의 침묵 외 1편

고 훈

밤을 지나오면서도
어두웠다 말하지 않았다

사람에게 짓밟히면서도
아프다 말하지 않았다

어느 날 바람이
터전을 흔들어 흩어 버릴 때도
갈 곳이 없다 말하지 않았다

그리고
우리는 민들레이기 때문이다.

가을날

가을날은
모두가 꽃으로 피는 계절이다

푸른 잎 나무는 단풍으로
유실수는 풍성한 열매로
꽃나무는 아름다운 자기 모습으로

아이들은 미소로
젊은이들은 사랑으로
중년은 책임감으로
노인들은 성숙함으로

우리 모두
이 위대한 질서 앞에
겸손히 머리 숙이고
소박해서 더 좋을
우리의 꽃도 피우자.

그리움 외 1편

곽|광|택|

정결한 아침
말하고 싶은 마음

그대를 향해
그리움을
생각해 본다

세월이 흘러가도
사랑하고 싶은 마음

노래와 춤을 즐기는 것
그리움 때문

그대 마음

생명 불꽃처럼
아픔과 소망으로
새롭게 태어나고 싶다

그대 가슴
포근한 사랑
별을 헤는 마음
지켜본다

그대여!
겨울이 가면
봄이 오거늘
아픔이 눈처럼 녹아
안개꽃 추억으로
미소 속에 꽃피우리.

연무 소독일 외 1편

곽 | 병 | 희

웅—웅—웅 아이들이 그 신호에
골목으로 쏟아져 나온다

저것 봐, 하늘에서 내려온 구름 덩이들

엉키고 엉켜 한 덩어리가 된 솜사탕들을
매캐함에 아랑곳 않고 잡으러 간다

이쪽과 저쪽의 영역,

어른들 싸움에 골이 난 골목을 누비며
온 동네를 소독하는 구름 떼들, 아이 떼들

연무 소독날은 동네의 잔칫날이구나

티없는 마음들이 골목에 가득 찼다 빠지면
병균 따라, 거칠었던 마음도 빠지는구나

이 집 저 집 구석구석,
하수구의 경계를 지우고 오면
지친 동네가 말끔히 개인다.

산 둘레길

꼭대기까지 버티던 오만을 버리자
등산객들의 허리가 펴진다

온통 고개를 숙이라고 요구하던
권위주의가 사라진 자리

이제 산과 나는 대등하다

새의 노래, 숲의 향기, 계곡의 물소리들이
온전히 다가오는 길

조금 멀다 싶으면
자전거가 태워 줘도 괜찮다고 한다

스스로 겸손해지는 자 앞으로
소방차도 부담없이 찾아와 산을 지킨다

산이 허리를 굳히자 태어난 길

때때로 바닷가로, 호숫가로
그 영역을 뻗어 간다.

소우주의 독백 외 1편

곽 | 종 | 철 |

참, 좋은 세상이라지만
척박한 곳에서 태어나
작은 열매라도 맺어 보려니
인간 세상에서 인간이 그립다

용기를 내 다가가 마음을 열면
품어 줄 듯한 말 한마디가
꿈을 펼칠 수 있는 씨앗이 될 것 같으면
망설임 없이 비상을 위한 기지개를 켠다

세상은 온통 꽃무지개
늘 푸르름으로 인생을 스케치했지만
어느덧 붉은 단풍에 아쉬움을 덧칠하고
쭉정이 같은 텅 빈 삶이 남을지라도
슬픔도 후회도 미련도 두지 않으련다

인생의 쓴맛 단맛을 다 보았는데
아직도 버리지 못한 소망이 있다면
죽을 때까지 두 발로 걸어야지
누구는,
꿈도 야무지다고 하겠지!

깨달음

아, 그렇구나!
세상의 이치를 저렇게 알아가나?
나도 처음 알았네

맞다, 마저!
남들은 다 알고 있었나?
나만 몰랐네

오백 년을 살아온 은행나무가
하늘과 바람과 새들을 다 품으며
너그럽게 사는데
그걸 보면서도 그냥 지나쳤구나

알고자 하는 마음이 간절하다면
무관심을 털어내고 다가가 귀 기울이면
그 무엇은
어두운 곳에서도 별처럼 빛나겠지.

여름날 육자배기 외 1편

구 춘 지

먹구름 장막을 친 듯 내려앉고
거친 숨 토해 내듯 쏟아지는 빗줄기

숭울숭울 떨어지는 붉은 봉숭아 꽃잎
힘겹게 고개 세운 왕관 맨드라미

장대비에 울 엄마 떠내려간다
개굴개굴 여름날 한 자락 육자배기

혼자가 아니어도 마음은 텅 비어 있고
어머니 생각에 질펀히 마음 젖어드는 오후

빗방울이 동그라미 그리는 연못가에서
청개구리 울음이 언덕을 넘고 있다.

겨울 숲의 오후 4시

고요함이 차오르며 적막으로 깊어질 때
물소리 바람 소리 새소리 멈춘 시간
솔개 한 마리 하늘 높이 맴돌고

연둣빛 한 아름 품어 안은 갈참나무
하얀 꽃빛 잉태한 산벚나무

겨울 햇살 한 움큼 집어삼키면서
알몸뚱이로 눈보라 서서 버틸 때
묵언의 눈빛, 서로의 곁을 지켜 주고

봄날의 해산을 손꼽아 기다리며
화려한 꿈을 꾸고 있는 떨림의 시간

하루살이 외 1편

권│규│학

함께 또 우리로 사는 삶
돌아보면, 산다는 것 자체가 홀로이다
서로 기대어 의지하며 사는 듯해도
따지고 보면 따로 또 따로
결국엔 홀로 서야 하는
전체로 평생을 산다기보다는
혼자서 하루를 살아간다는…

백 년 천 년을 사는 것도 아니면서
만 년을 살 것처럼
아등바등 핏발을 세우며 사는 삶
지나고 보니
잠시 스치는 바람에 불과한 것을
어제는 동쪽에서 오늘은 서쪽에서
내일은 또 어디에서 하루를 보낼까
어쩌면, 행복인지도 모른다
동가숙서가식東家宿西家食이 아닌 것만으로도

내 살아온 삶이여 인생이여
너로 살고 나로 살고
우리로 살아온 삶인 듯해도
손가락 꼽아보니 결국엔 혼자로 살아온 삶
그저 무상한 하루살이 인생인 것을.

아프다, 참으로 아프다

우리의 소원은 통일이라고
어릴 적부터 불렀고
지금도 목청껏 부르는 노래
하지만, 통일이란 요원한 꿈이다

내가 칡이라면
너는 등나무인가 봐
나는 바른쪽으로 오르려고 하고
너는 반대쪽으로 세력을 키우는
언제쯤이면 얽힌 몸뚱이를 풀어낼까
한 번쯤 방향을 바꿀 수는 없을까

얽히고설키기 전에 조금만 양보했더라면
이토록 엉망진창은 되지 않았을 터
남북한도, 우리 사이도 너무 아프다
네가 칡이 되고 내가 등나무가 될 날
그런 날을 위해 거꾸로 자라고도 싶은.

추억의 장작불 외 1편

권│순│악

함박눈 내리는 겨울이 오면
어머니는 안방 아궁이에
장작불을 활활 지피신다
평생을 부엌에서
어머니의 사랑은
장작불보다 뜨거웠다

함박눈 내리는 겨울이 오면
아버지는 사랑방 아궁이에
장작불을 지피신다
평생을 쇠죽을 쑤신
아버지의 소사랑은
장작불보다 뜨거웠다

함박눈 내리는 겨울이 오면
마음은 멀리 고향으로 달려가
장작불 피워 놓고
옛이야기 나누고 싶은데
이제는 하염없이 내리는 눈이
서러운 추억을 덮어 버린다.

봄비가 내리면

봄비가 내리는 날
꽃씨를 심는다

호미로 흙을 파고
꽃씨를 심으면

조용히 가슴에
젖어드는 그리움

세월이 가도 못 잊어
눈물로 묻어 둔 추억

이 비가 그치면
새싹이 돋아나고

환한 그 얼굴도
웃으며 피어나리니

추억은 꽃이 되어
곱게 피리라.

연꽃 외 1편

권 영 억

살랑살랑 물의 문 열고 나온 옥 같은 너
진흙탕 걸러내며 희고 맑은 속살 보니
청량함 그대로구나 보란 듯 의젓하네

볼록한 웃음 짓고 향기로 인사하니
부용의 표본인 양 보기 좋게 눈길 끄고
두둥실 보좌하는 연잎 꽃 중에는 연화로다.

십자수 같은 인생

한 땀 한 땀 수놓다 헛손질 찔린 엄지
실 엉켜 꼬이고 끊어져도 이어 가는
하나씩 조성되는 그림 환한 풍경 즐겁구나

한 발 한 걸음씩 이어짐은 인생 같고
차운 색 옆 따뜻한 색 어둠 옆 밝은 조화
노력은 인생살이 연속에 십자수 같은 인생길.

동백꽃 외 1편

권│영│춘│

열여섯
파과기破瓜期
섬 처녀의
타오르는
핏빛 정념

바닷바람에 할퀸
가슴 시린 흔적을
곱게도 씻어내고

부끄러워
석양빛에
몸 가득
그리움만
눈물로 안고 있네.

우보천리 牛步千里

소가 걷는다
두 눈을 끔벅이며 솟아나는 눈물을 참고
아득한 고향 하늘을 향해 걷는다
두 뿔로는 하늘을 굳게 떠받들고
두 조각 단단한 발톱으로는 인고의 세월을 재며[尺]
온몸으론 지축地軸을 굳게 밟는다

커다랗게 뜬 눈에 가끔은
서글픈 하늘이 비쳐 올지라도
퉁방울의 검은 눈을 지그시 감고 살아갈 팽팽한 시간을
심장의 깊은 곳에 새기며 걷는다

업고業苦의 죄로 씌운 고삐를 원망하지 않고
산고産苦보다 더한 뼈에 닿는 울음으로
쓰라린 삶을 되새김질하고 있다

긴 속눈썹으로는 지상의 떫은 시간들을 하나하나 쓸어낸다
전설 깊은 콧구멍을 벌름거리며 가끔은
체념을 핥고 있다
타고난 운명의 멍에를 벗어날 수가 없기에
기다란 꼬리를 여유롭게 흔들어 대며
노동의 시간마저 즐거움으로 새긴다
그가 걷는다 멀고도 먼 그의 본향本鄕을 향해
저물어 가는 한 해의 세歲밑을 뒤로
지난날을 돌아보며 뚜벅뚜벅.

산수유꽃 피는 마을 외 1편

권 | 영 | 호

아늑한 산골
샛노란 꽃구름이 내려앉아
아들 녀석 눈 밝혀 준 꽃길 이십 리
보릿고개 서럽던 숲실이
이젠 고급 승용차로 즐비하다

봄이 오는 언덕배기에
삼백 년 묵은 고목이
어쩜 저리 곱다란 꽃을 피웠는가
노오란 탄생의 꽃 대궐
산수유 야들한 색깔이
마늘밭 푸르름과 어우러진
고향 같은 예쁜 마을

여인네는 벌써
진달래 산천에서
봄을 캐는 누이가 되어
붉은 잉태를 기다리며
산수유 노란 꽃무늬를
마음속에 가만가만 새기고 있다.

아부지의 자리

하늘 뜻 맺은 인연
해묵은 동목 아래
손 모아 정성껏
빌어도 봤을 게고

송기죽, 쑥개떡에
애면글면 버텨 온 삶
슬픈 독백
목마른 그리움을
한없이 미워도 했으리라

사랑과 용서는
아픔을 동반한다며
큰 소리로 울지 못해
침묵하는 나목이 되어
병색 짙은 기침을
북풍한설에 뿌리며
농군 한 짐도 안 되는 둥근 윤회를
아부지의 자리에 앉힌다.

담장 길 지날 때 외 1편

권 오 견

붉은 장미 가득 피어난
담장 길 지날 때

나와 눈이 맞았나
금세 빨려드는 내 몸

낯 뜨거운 줄 모르고
한여름의 불길 당겨
이글이글 끓어오르는 장미

그대라고 불러 보면
금세 살포시 다가오는 요정

어질어질하다
피보다 진하게 비치는
저 내심 탓일까.

불꽃

동행도 아니면서
빛나는 축제 한마당
지는 햇살 뜨는 노을
황홀한 만남이었다

첫사랑도 아니면서
처음 느낀 짜릿함
다가서며 안기는
뜨거운 알몸이었다

예술도 아니면서
혼불로 태어나
절경을 넘나드는
감동의 파노라마였다

그리움의 심지를 돋우면
내 마음 깊은 곳
타오른다 불꽃 한 줄기
환하게 타오른다.

낙엽도 서로 부대끼며 모여서 산다 외 1편

금 동 건

이른 봄이면 하나둘 세상 밖으로
얼굴 내미는 낙엽들은
춥다고 옹기종기 모여 살고
여름이면 덥다고 서로서로
어깨 기대어 그늘을 만들고 산다
가을이면 어떻게 하고 있을까 이놈들
요놈들 보소 우째 이런 일이
땅바닥에 내동댕이쳐 떨어져
자기들끼리 서로 부대끼며
이번에는 땅바닥에 누워서 지낸다
추운 겨울 닥칠세라
서로를 비비고 날밤 샌다
낙엽도 모여서 옹기종기 모여서 사는데
나는 무엇으로 겨울을 나는 것일까
낙엽도 서로 부대끼며 모여서 사는데
나는 음식 쓰레기와 외로움 달랜다.

가을 하늘에 그림을 그리다

가을 하늘은 단순히 컬러풀하다
내가 원한 대로 그림을 그릴 수 있게
비워 놓은 듯 푸른 도화지다
떠가는 흰 구름을 잡아
꼭짓점을 만들어
주변에는 온갖 가을 산을 수놓는다
논에는 익어 가는 벼 이삭을 그리고
사과나무에 달린 붉은 부사를 그린다
맞다 이거다 늙은 호박도 빠질 수 없지
아니야 국화꽃도 그려야지
가을 하면 국화꽃 한 인물 하지
이렇게 넓은 하늘 도화지에 가을을
가득 채우는 일은 즐거움뿐이다
만산홍엽 가을이 익어 짙게 물든다.

나이테 외 1편

기 청

숲의 심장이 쿵! 적막을 깨고
검푸른 하늘 밑둥이 통째로 쓰러지자
놀란 산바람도 숨을 죽인다

푸른 연기가 피어오르고
그의 꼭꼭 감추어 둔 생애가
돌개바람이 되어
무수한 아지랑이로 피어오른다
또 한방의 차디찬 핏자국
벌목꾼의 가슴에 숭숭 뚫리는 구멍

사람마다 보이지 않는
나이테를 숨기고 산다
가뭄과 홍수 사지가 찢기는 눈보라
생채기 옹이 되어 박히고

철쭉꽃 만발한 봄날의 향기
깊이를 모르는 심해深海의 바다
가라앉은 한숨까지 가파르고 완곡한
몇 줄 동그라미로
감추며 살아간다.

다시 남한산성
— 노송의 향기

여기 일어서는 남한산
날갯죽지 아래 살면서
오를 때마다 남한산 높이가
다르고 산성의 길이가 다르지만
거친 비바람 지켜 선
노송老松 솔향기는 변함이 없어

그날 둥둥 피 밴 백성의 소리
문득 오늘 소슬한 솔바람에 실려
알싸한 송홧가루 때 아닌 춘설로
아득한 산성 길 굽이굽이
눈가에 어른어른 얼비치다

다가올 세기의 천년
가슴 벅찬 겨레의 노래로
그 지고至高한 혈맥의 깊이로
겨레 아우르는 품의 넓이로
둥둥 새벽을 깨우는 법고法鼓 소리로

다시 저 남한산성은
둥기둥 격조 높은 서기瑞氣로
녹슬지 않는 청동의 빛살로
떨치고 일어서리라 남한산성이여.

뜨거운 눈물 외 1편

길숙경

세상에 태어날 때
고통의 눈물 있었던가?

성장해 부모님 돌아가셨을 때
후회하며 불효의 뜨거운
눈물이었고

내 옆에 늘 있어 주던
동반자를 잃었을 때 절망과
슬픔의 눈물이라면

내가 이승을 마감할 때는
자식들의 마음에 뜨거운
눈물이 아닌

섭섭한 마음만
조금 들 수 있게 하리라.

내 인생의 계단

나 어릴 적엔
엄마 얼굴 보고 익히면서
웃어 주고

나 초등학교 다닐 적엔
선생님 얼굴 보면서
웃어 주었고

나 성혼기에 사랑하는
나의 반려자를 위해
웃어 주며

내 인생의 반쪽과 만나서
결혼식장에서 기쁨에
웃어 주었다

내 인생 마지막 계단에서
내리막길 바라보며
허전한 웃음에

내 영혼의 마지막 길목에
손 모아 조용히 침묵의
웃음만으로….

딱따구리 외 1편

김관식

깊은 산속
나무 위에서
딱따구리가 목탁을 두드렸다

똑 또르르
똑 또르르

염불 소리는
들리지 않았다

하루 종일
목탁 소리만 들려왔다.

쑥

봄날
공원 산책길
쑥이 돋아나고 있었다

불쑥불쑥 찾아가면
쑥쑥 자라나서
반겨 주었다

어쩌다 찾아가면
쑥쑥쑥
쏜 화살처럼
몰라보게 우뚝 솟아올라

쑥쑥쑥쑥…
예서제서
쑥 향기를 내뿜고 있었다.

마음 외 1편

김│관│형

마음은 텅 빈 요람이지만
인생을 움직이는 주인이다
보람 길은 당찬 활력을 불살라
소망의 빛이 이는 날 황혼의 끝자락에도
희망찬 웃음꽃 향기가 인다
지워져 잃어버린 사연 한탄 말고
마음의 가늠을 옳게 움직이는데 따라
옹찬 존재 가치가 나타나
성취의 황홀한 광채가 빛난다
금은보화만 보지 말고
마음의 눈으로 앞날을 열 세상을 보란다
세월의 끝자락이 오기 전에
재능 문을 열고 신통한 지혜를 자아내
문명을 빛내며 오롯한 진리 풍성히 담아
온 누리에 빛나는 발전을 이루어
새날 이는 울림 역할의 맵시로
마음의 조화를 이루란다.

가을은 익어 가거니

부신 햇살이 온 누리를 열면
뒷문 밖 숲속 사랑새 노래 부르고
높이 솟은 산허리 구름 사이로
하얀 갈대꽃이 눈에 어리어
신선이 노니는 듯싶구나
하늘에는 고향 찾는 기러기 떼 날으며
땅에는 다람쥐가 알밤 물고 익살을 피노라
새벽 손님 찬 서리가 살며시 방문해
붉은 옷 갈아입은 단감이 그리 고운데
누렇게 영근 오곡이 고개를 숙이니
잡을 수 없는 아쉬운 세월은 접혀 가고
불타는 단풍잎이 바람결에 출렁여
어느덧 가을은 익어 가거니
인생도 저물어 노을이 일기 전에
삶을 여물려 머리를 내리면 어떠하리.

불씨 외 1편

김 기 순

마음은 늘
푸르건만
몸뚱어리는
아니라고
절레절레 흔드네
무료함을
달래기 위해
이곳저곳
기웃거리지만
그만 체념하라고
다그치는 나이
애써 상실감을
헛웃음으로
대신하며
타다 남은 불씨만
끄적거린다.

이슬

잠시 머물다 간
너의 흔적은
얼룩진 눈물뿐이구나
그렇게 빨리 갈거면
뭣하러 왔니
너는 정녕 한 방울
이슬이었더냐
유난히도 맑고
영롱한 눈빛이
그리운 건
감춰진 슬픔이겠지
이승에 다시 환생하면
내 곁에서 영영
떠나지 말거라
내 사랑 이슬아.

동심원同心圓 외 1편

김 낙 연

우주도
인생도 원이오
당신과 나
원점은 하나
반지름만 다른 동심원이오
당신은 안쪽 원
나는 바깥 원

원점에서 만나
원을 그리며 닮아
수많은 지름선이 되어
팔십여 년 인생길
반려자로 함께 돌며 왔소
희로애락의 무상함이
어찌 시작이 있고
끝이 있으리오

어느새 금혼식金婚式 맞으니
반지름이 바뀌어
나는 안쪽 원
당신이 바깥 원이 되었소
이후 우리 삶 윤회輪廻되어
다시 태어나도
그 동심원이 되어 살아요.

맞선

백년가약의 인연을 맺고자
맞선을 보던 날
어제인 양 선하다

옷차림에 몸가짐은 어떻게 하나
무슨 말을 이어 가나
초조한 설렘에도 행복했다

그 만남의 인연이 빗장이 되어
해로해 온 50여 년 세월
조강지처糟糠之妻의 반려자로 산다

흰 머릿결 다듬으며
구수하게 익은 깊은 정
무명 금침에 스며 그윽하다

그래도 아침마다 아내를 대하려니
새삼 처음 맞선인 듯
무슨 말로 오늘을 여나 망설임도 행복하다.

모교母校 외 1편

김|남|호

초등학교를 졸업한 지 칠십여 년이 된
노인이 모교의 운동장에 서 있습니다

구령대 앞엔 앞가슴에 손수건을 단
코흘리개 어린이가 보이고
"앞으로 나란히" 하고
두리번거리던 아이도 보입니다

와자지껄 아이들의 명랑한 웃음소리
복도 끝 교실에서 들려오던 풍금 소리
"동구밖 과수원 길"도 들립니다

운동장 동쪽에
두레박 매달린 공동 우물이 보이고
처음 본 기와지붕의 단층 교사校舍도 보입니다

교정이 흔들리도록 뜀박질하고
깔깔대던 그 아이들
그들도 세월 따라 가을을 맞고 있을까?

홀연히 지나간 시간들
머리 하얀 노인은
출입구에 매달린 종鐘을 바라보며
천천히 추억을 걷고 있었습니다.

꿈꾸는 작은 방

어린아이 발바닥만 한 작은 방
몇 권의 책이 놓여 있는 책꽂이와
낡았지만 고운 소리의 오디오 한 대
앉은뱅이 책상에 차를 끓이는 커피포트
그리고 하늘이 멀리 보이는 작은 창문

창밖으로는
순서대로 지나가는 계절이 보이고

우주 속에 떠 있는 섬처럼
별빛 같은 공간
전화벨 소리도 들리지 않고
문 여는 소리
아내의 발자국 소리도 들리지 않고

아주 가끔
창가에 굴뚝새가 날아와
눈을 맞추고는 훌쩍 날아가 버리면
방은 숲속처럼 고요해
날아간 굴뚝새를 속절없이 기다리며
잠시의 나른한 여유가 즐거운
꿈꾸는 작은 방.

삶의 소리 외 1편

김 명 자

어둠이 한 걸음씩 뒷걸음질하며
새벽이 서서히 모습을 드러낼 즘
어디서 몰려왔는지
시작도 끝도 알 수 없는 얼굴들
살아 숨 쉬는 삶의 소리들이
새벽을 움직이고 있다

구수한 사투리는 푸근한 인정이 오고가고
서로 다른 사연들은 꿈을 끌어안고 손짓한다
처음 보는 낯설음 속에 모든 것이 같진 않아도
새벽 장 싱싱함에 희망은 숨을 쉰다

짧은 새벽 시장은 바쁘다
아침 해는 새벽을 밀고 일어서며
남은 건 사람들이 다 못 가져간
인정들의 대화 속에
싱싱한 삶의 애환이 내일을 또 기약한다.

하얀 온기

가을비가
잦은 기침처럼 몸을 사리고 있다
길고양이가 우는 바깥과는 달리
집안은 수증기로 가득 차
평소 그가 좋아하는
비릿한 국 냄새가 피어오르고 있다

널따란 상을 채우기 위해
며칠 전부터 준비한 알록달록한 음식
하얀 촛대의 향은 볼록하게 움직이고
어지러운 어둠들을 막아 주고 있다
흔들거리며 피어오르는 알싸한 향 연기는
희미해진 그가 나타난 듯
가족들의 얼굴엔 몽글한 눈물이 맺힌다

하얗고 커다란 슬픔들은 말이 없다
점점 가벼워지는 빗방울
잦은 기침은 서서히 들려오지 않고
집안 가득 그를 생각하는
가족의 하얀 온기만이 이어지고 있다.

봄바람은 달다 외 1편

김 부 치

지난 생각보다 찾아올 생각을 하면
봄바람은 달콤하다
꼬리에 묻은 향기를 떨쳐 버리지 못한 인연
몇 뿌리 모여 살다
저 꽃은 누구의 꽃입니까?
이 꽃은 누구의 꽃입니까?
부르다
피는 꽃이 있으므로 죽음 꽃이 있듯이
죽은 이름은 부를 수 없으나
살아 있는 꽃들이
이름을 서로 불러주므로
입술이 부딪치며 소리가 울리고
숨은 먼지 털어낸 창가에
봄빛 가루 흩날리네.

홍시의 꽃

지구 꼭대기 매달린 홍시
사방이 확 터진 벽
묵언 수행에
때론 영감도 주는 단맛
참 멋지다

외로운 목숨 하나
마지막 투신으로
활짝 핀 꽃
세상에 이렇게 예쁠 수가
참 멋지다.

멀티 선의 비명 외 1편

김 사 달

뒤섞여 잠자고 있는 멀티 선을 깨운다
길면 긴 대로 짧으면 짧은 대로
제몫을 다하고 돌아와 누운 것들

단절된 대화를 이어 주고
끊어진 사랑도 연결해 주고
어두운 밤길 밝혀도 주었지
껄끄러운 안면을 말끔히 단장해 주기도 하면서
원정의 필수 요원으로 수행도 했었지

어제의 영웅들이 오늘은 뒷방지기 신세가 되어
격세지감의 창밖을 내다보며
늙은 멀티 선은 비애에 젖는다

두런두런 장수의 늪지대를
건너고 있다.

북어포

우수 지난 어느 봄날
부풀어 퍽퍽한 북어포를 씹는다
씹을수록 눈물겨운 투사의 얼 같은 것
역사의 갈피마다 익명을 번가르며 사경을 넘어왔지
파도 앞에 대질러 선 명태가 되었다가
악머구리 판전 위에선 동태라 부르다가
설한풍 천정에 바동거려 북어가 되었던가
그래도 미진하여
죽어라 두들겨 맞고 너덜이 된 살점으로
이제는 잘금잘금 씹히고 마는구나
더러는 적자생존을 얘기하고
더러는 비굴을 얘기하며 이 산하를 지켜 왔지
때로는 열탕에 빠져
영혼마저 국이 되어 속풀이가 되었지만
봄을 만나 풀어헤친 속사정, 들어줄 이 있으니
그나마 행운이라 말할 거나.

자하문 외 1편

김 | 서 | 연

예전 풍문으로 들어왔던 자하문
배고픈 시절 여름이면
지폐 몇 닢을 들고 자두를 사러 갔다던
(종로구 신문로) 남편 청년 시절의 간식거리

윤동주문학관 문학기행 길에 스쳐 가는
그림 같은 자문 밖
자두나무 하나 없는 현재의 숲속 마을
동화 속 그림 같다

아기자기 이쁜 마을
오늘도 선한 사람들이 숨을 고르며
푸름 청정 이웃하고

이 여름
소나무숲
등 굽은 소나무는 자하문의 역사를 이루고
그곳엔 매미의 울음소리 자지러지겠지!

감자의 반란

어설픈 손놀림에 빈정이 상했을까!

이른 봄
흙을 갈아엎고
둔덕을 만들어 밑거름을 주고
쪼글쪼글 한 감자씨를 심었다

너무 이른 탓일까
좀처럼 싹이 보이질 않는다
고사했나 궁금증을 유발한다

어느 날
싹이 트는가 싶더니
이게 웬일
반란을 일으키는 감자의 파란 얼굴
얼굴을 반짝 들어 하늘을 쳐다본다

이런 변고가
감자의 돌연변이
탱글탱글 멍든 얼굴로
허공을 향해 손사래친다.

우리 곁에 오는 소리 외 1편

김 선 옥

나는 알지
그 여름날의 소낙비
꽃을 어루만지던 빗방울이
바람에 걸려 파닥였지

방글거리던 꽃잎이
일순간 지고 있었어

눈 깜짝할 사이
가을은 깃발을 펄럭이며 침범했지
들녘은 붉고 노란 것들로 물들었어

휘어진 갈대 가지 위에서
울음이 파르르 떨고 있었어
아, 그렇구나
떨리면서 오는 그 소리

마침내
가을이 우리 곁에 오는 소리.

꿈꾸는 나무

자꾸 몸을 부풀리는 나무를 본다

한 무리 새떼 날아와 살갗 쪼며 조잘대도
바람 불고 비 와도 젖은 몸 풀풀 털며
가지며 이파리를 송두리째 흔들면서
위풍당당 서 있는 나무를 다시 본다

그것들은 부피를 넓히고 높이를 드높이며
목을 길게 늘어뜨려 기지개를 켠다

그리고는 잎사귀 마디마디에 기쁨인 듯 슬픔인 듯
온갖 쾌감을 매어 달고 거친 숨 몰아쉬며 그리움에
복받쳐 하늘을 향해 힘껏 발돋움한다

나무의 꿈은 하늘이다.

바람 불어와 기억을 데려갔나 외 1편

김 | 선 | 희

슬픔이 구름처럼 피어날 때 색깔은

마늘빵 한 조각에 우유 한 잔 빛일까

예쁘네, 말씀하시며 연한 미소 지으신다

바람이 불어와서 기억을 데려갔나,

이름이 뭐더라, 네 이름이 생각 안 나

세월도 어찌 못하는 강물 앞에 우리 있네.

시간이 만든 허물

마지막 남은 생수병 하나가 보챈다
여기저기 벌들이 빠져나간 벌집인 양
공간에 편하고 익숙한 것 산처럼 수북하다

분리수거 하는 날은 냉장고도 들썩이고
아파트 마당에 버려진 장롱 한 짝
이마에 주홍글씨처럼 폐기 딱지 붙어 있다

화단에는 제철 잊고 피어난 수국이
꽃잎을 반짝이며 글썽이는 눈을 맞춘다
언젠가 나도 때 아닌 주인공이 되려나

공간 이동 생각하며 가만히 눈을 돌린다
나른한 소파 위에 지직대는 남편 숨소리
시간이 또 다른 허물을 만들기 시작한다.

부부 사진 외 1편

김 순 녀

둘이 어깨를 나란히 하고 웃는다
때로는 마주 보고 활짝 웃고 있다
키가 큰 남편이 아내의 어깨를 감싸 주기도 하고
작은 아내를 등에 업고 힘자랑도 한다
면사포를 쓰고 수줍던 여인이
두둑한 배를 불쑥 내밀고도 좋은가 보다

꾹 눌러쓴 모자
까만 선글라스
단풍나무 아래서
푸른 바닷가에서
여기도 한 컷 저기도 한 컷
추억을 담아둔 삶의 흔적

사진 속에 젊은 두 사람이
그대가 나였소 하며 속삭인다
빛바랜 사진 속에서도 찰랑이는 머릿결
잘록한 허리
추억 속의 그녀에게
푸른 바다 파도 소리를 들려주었다.

어느덧 가을이 지나가오

당신의 어깨에
오후 서너 시쯤의 햇살이
걸쳐 있어요

아침 여덟 시면 출근하고
저녁 여섯 시면 퇴근하던 그날의 뒷모습은
꼿꼿한 대나무였는데

출근 시간도 퇴근 시간도 없는 지금
칼날 같은 양복바지 벗어 던지고
청바지가 교복이 된 지 석삼년

구순의 부모님 시중에도
얼굴 한번 찡그리지 않는 착한 사람
복자기 가로수 단풍으로 물들었네요.

※복자기나무: 단양군 단양읍 시내 가로수 나무

고속도로 외 1편

김 순 희

네가 없었다면
네가 오지 않았다면
수많은 사람들의 만남이 어떻게 되었을까?

서울 여자
부산 남자
한 걸음에 인연 만들어 준
뚜쟁이다
너는

강원도 산나물 먹고
부산 자갈치 시장 갈치조림 맛보고
보성 녹차 입가심으로
하루를 다리 놓아 주었지

다쳐도 짓밟혀도 묵묵히 견뎌 온
너의 넉넉한 품
근심, 스트레스, 무거운 짐
몽땅 실어갈 수 없을까?

휘파람을 불어요

그대 휘파람 소리 들리면
달콤한 꿈속에서 깨어나
창문을 열게요

넓은 들판
흰 망초 꽃무리와 어울려
감미로이 우리 함께
춤출 수 있게

한여름 땡볕 속이면 어때요
천지를 하얗게 지우는
눈보라 속이면 어때요

그대 휘파람을 불어요
가슴이 울려
우리 함께 경쾌히 하늘을 누비는
휘파람새로 날아오르게!

자작나무 숲 외 1편

김 | 애 | 숙

회상 덧칠하는
흰 등줄기의 앙상한 뼈대
귀먹은 푸념 늘어놓듯
하늘만 탐하는 저 야윈 가지들

정해진 틀이 없는 미완의 성에
꽃 타래 풀어 올리는 기도
싱그러움과 속삭임으로
향그럽게 다가올 당신을 위해

허물 벗으려는 듯 바람의 잔등 타고
소리 없이 토해내는 가느다란 신음
한 줄기 빛이 가슴에
비추고 있었음을 기억하기 위해

흰 건반 두드리는 원음의 선율 사이로
쏟아져 내리는 햇살 가슬가슬 안긴다
그날의 그리운 눈빛
마주하였음을 잊지 않기 위해.

미녀도

그녀는
복사꽃 만발한
과수원에 산다

진홍의 꽃잎
햇살에 뒤척이며
새악시 볼 연지 같은
꽃내음 치맛자락에 나붓나붓

웅웅대는 도화 요람에
초록 커튼 새초롬 드리우고
꽃자리마다 움켜쥔
도도한 꿈들이 새콤달콤

비바람 햇살에 영그는 풍미
별밤 이슬에 사근사근
낮과 밤의 향 부드럽게 품어
맛의 여왕으로 성숙해진다

보름 달밤에 뽀얗게 분칠하여
발그레 고운 볼 화사한 미소
서왕모의 신비로운 금 복숭아
농익은 여인의 가슴.

강변 찻집 외 1편

김│애│순

아슴한 기억의 창 너머
윤슬 파닥이던 강물에
은빛 물고기 튀어 올라
발그레한 하늘가에
희멀건 낮달 되어 걸리던 날

마주한 찻잔 속엔
사유하는 은유의 잎새 부풀고
등 뒤로 붉어 가는 저녁놀 따라
서로의 가슴에 차오르던 다래 넝쿨

썰물 후엔 더 세차게 밀려드는 그리움인가
섬진강 물안개로 자욱해지던 연둣빛 감성

가끔은 탯자리 찾아드는 연어가 되어
그 가을의 강변 찻집 삶의 어귀를
회귀의 지느러미로 차오른다.

장불재 억새

소슬한 시월의 손짓에
장불재 고갯마루 올라서면
오랜 흔들림 받아 내느라
부석한 머리칼 흩날리던 여인네
메마른 허리 여미며 살갑게 기대 온다

탄탄하던 몸통의 힘살은
계절을 사루며 닳고 삭아
싸늘한 밤 떨며 지샌 산새 따라
등성이 허공에 깃털 되어 흩어져 가고

발치에 다가서면 어느새
옷섶에 파고드는 애틋한 이름
스쳐 가는 바람 소리만
빈 가슴 채우는데
허허로운 그 눈빛은
어느 세월 언저리 머물고 있을까.

반딧불 외 1편

김 영 숙

누구의 가슴에 꽂혀서
반짝이나
오뉴월 햇살이 짧아서
숲속에 날아
주저리
설화를 엮는
여름밤이 아쉽구나.

돌미역 에피그램

파릇 새뜻 살비릿내 풍겨 오는 해초 자락
조류 빠른 맹골. 거차도 갯바위 그러안고
휘도는 물결 따라서 들락날락 몸 키운다

거친 물살 출렁대며 밀물 썰물 견뎌낸다
햇볕에 부푼 살결이 오그리기 반복하고
갈매기 추임새 따라 탯줄마저 땡겨 온다

어머니는 그 미역만 고집하여 사 오시고
홀쭉해진 내 배 위를 쓰다듬고 눈물 훔치다
뽀오얀 국물 우러나는 미역국을 끓이셨다.

골목 풍경 외 1편

김│영│옥

리스팝에서 시낭송회가 끝나고
삼삼오오 짝을 지어 노래방에 간다
노래방 가는 골목길은 마치 동굴 같다
서늘한 온도와 습도가 유지되는 회색빛 세계
바람 불고 눈보라 쳐도
언제나 그 자리에 붙어 있는 수많은 전단지들
뒤꿈치의 각질처럼 다닥다닥 붙어서
한 많은 이야기를 나누고 있다
이마를 마주 댄 창문 틈으로
엿보는 눈길이
가끔 활기를 되찾기도 한다

거미줄에 걸린 한 마리 잠자리처럼
찢겨진 날개를 퍼득이는 몸짓
싸구려 유행가에 리듬을 싣고
험한 세상을 향해 소리쳐 본다
어쩌면 고상한 시낭송보다
직설적인 감성이 더욱 처절하다
광란의 시간이 지나자
허망한 꿈을 꾸는
날 수 없는 타조처럼
우린 골목길의 문을 닫고
타박타박 빗속으로 사라진다.

쌈밥

추운 겨울 쌈밥집
공깃밥이 나오면 호호 손을 불고
공손하게 밥그릇 위에 손을 얹는다

아직도 물방울이 맺혀서 반짝이는
배춧잎 깻잎 치커리 상추
물기를 탁탁 털고
말없이 배춧잎을 크게 펴고 밥을 올린다

먹이를 물고 온 어미 앞의 새처럼
최대한 입을 크게 벌리고
서로 마주치는 눈길은
말은 안 해도 잘 알고 있다는 듯 너그럽다

밥을 먹는 동안은 엄숙하고
달걀찜처럼 나긋나긋하다

쌈 위에 얹힌 한 숟갈의 밥은
부드러운 힘을 주면서
앞으로 전진하는 용기를 주고 있다

식탁 위에 파아란 잎사귀들
멀리 서성이는 봄을 부르고 있다.

산 외 1편

김│옥│녀

우주와 살 부비는 살덩어리
소나무 잣나무 팽나무 크고 작은 나무 잘 어울려서
풍광을 피워 내고 있다

먼 데서 보이는 산은
운해를 턱받이 하고 맛있는 것을 먹고 있는 큰 짐승으로 보인다
제 품속에 사는 새나 짐승들 앞에서
바람이 산 머리채를 휘갈겨도 의연한 산
고개를 넘어가는 고승이 구시렁거려도
듣는 둥 마는 둥 하늘 한번 보고
병아리처럼 물 한 모금 마시고
흰 구름을 읽고 산 트림을 한다

그래도 양복 재단실에서 몸치수를 잰 것같이
한 치 틀어지지 않게 시침을 하고
박음질을 해서 나오는 말인데
꼭 해야 했던 말인데
나 혼자 하는 말
멀리 보이는 산같이 뚜렷하지 않는다.

처서

울창한 뜰이 수런거리고 있어
이상하리만큼 조용한 일인 듯
아침저녁으로 찬 공기가 돌아

나는 읽고 있는 책장 한 장 넘겼을 뿐인데
그대 무슨 일을 음모를 하고 있나
푹푹 찌든 폭염이 뽀송뽀송해지네

사역을 충실히 이행하는 청양 고추같이
나를 시집살이 시키려고
얼굴이 매워지고 붉어지고 있네

아무것도 아닌 것이
골목을 지나는 바람이 긴 소매도 내리게 해.

우리 외 1편

김│옥│향│

소나무
가지마다 서로를 위한 기울기로
울울창창 서 있다

향나무
동글동글 지붕 이고
소복소복 초록초록 마음 담아
몽글몽글 고봉밥 짓고 있다

구름
창공의 바다 헤엄쳐
넌출넌출 파도 타며
삶의 무늬 그리고 있다

가을 햇빛
모두를 격려하고 있다.

공사

초등학교 시절 뛰놀던 운동장
갈아엎어 바닥에 뒤엉킨 조각들
퍼즐이 되어 새길을 꿈꾼다

동백도
산천경개에 흩뿌린 말씀을 받아
먼지로 가득한 삶을 닦고
짙은 초록 광을 내느라 발이 부르튼다

소나무
말씀의 정을 쪼아
이판사판 공사판 퍼즐을 맞추어 놓으니
딱 한가운데 조각 한 칸이 비어 있다

참새들 날아와
지난 번 가족 여행 때
무주 정자에서 불던 바람, 계곡 물소리, 풀벌레 울음소리, 별들의 노래까지
야단법석 기억을 더듬어 마지막 조각 칸을 메운다

사철나무
허물로 얼룩진 세월
사무친 기도의 제祭를 올린다
촉수의 양날 벼리어 하늘에 오르는
칸나 꽃순처럼.

시골집 외 1편

김 용 호

텃밭에
며칠 전에는 무성한 잡초들이
세월의 흐름 사이
꽃을 피운 화초가 되어 아름답다

작은 분수대
마음을 헹구어 내 줄 것만 같은
물줄기 흐르는 소리
어머니의 정겨운 속삭임 같아 좋다

돌담 옆에
웃고 서 있는 접시꽃의
환하게 미소 짓고 있는 모습이
마음씨가 예쁜 아내 얼굴 같아 좋다

새소리
조경수에 앉아 주절거리는
이채로운 새들의 신실한 대화
의미는 몰라도 좋다

바람이 불어온다
세월이 흘러간다
굵은 행복과 정겨움이 잇닿는
시골집이 좋다.

아름다운 영원을 위해서

살아오면서 있었던 실패도, 꿈꿔 오면서 있었던 좌절도
희망 속에서 있었던 고통도, 평화 속에서 있었던 환난도
오늘은 아름다운 영원을 위해서
영원히 잊기로 하자

부질없는 적대감도, 주체할 수 없는 분노도
유익함이 없는 노여움도, 있어서는 안 될 불만도
오늘은 아름다운 영원을 위해서
영원히 버리기로 하자

값으로 환산할 수 없는 수많은 은혜 가운데
마음에서 우러나오는 진정한 감사를
사랑으로 표현할 줄 아는 삶을 지탱하면서
오늘은 아름다운 영원을 위하여
새로운 결심을 하기로 하자

살아온 날들 나는 왜 그리 지혜롭지 못했는가
살아온 날들 나는 왜 그리 겸손하지 못했는가
살아온 날들 나는 왜 그리 용서하지 못했는가
살아온 날들 나는 왜 그리 진실하지 못했는가
뒤돌아보며
오늘은 아름다운 영원을 위하여
지혜롭게 살기로, 겸손하게 살기로
용서하며 살기로, 진실하게 살기로
내 마음 밭 깊은 곳에 다짐하기로 하자

그랬었구나 외 1편

김│원│길│

우리 절대 만나질랑 말아요
아주 센 자석처럼 바로 붙겠죠
그러고는 감당 못해 후회하겠죠

그러니 카톡이나 주고 받아요
젊을 적 사진이나 보내 주구요
그러다가 오랫동안 소식 없으면
이젠 핸폰도 못 쓰나 생각하겠죠

그러다가 알겠죠, 어쩜 모를 거예요
나는 당신이, 당신은 내가
오래전 이 세상 떠났다는 것을,

그랬었구나!
아, 그랬었구나!
그때서야 아, 그랬었구나!
하게 되겠죠.

잠꼬대

　이 깊은 밤 내가 모로 누워 무엇을 생각하는지 아내가 알 리 없듯이
　나도 아내의 잠꼬대를 알지 못한다.
　누굴 부르는 듯도 하고 외치는 것 같기도 하고 때론 누구와 싸우는 것도 같고… 아마 싸우는 건 나일 것이다. 억울하다. 차라리 어젯밤 뉴스에 나온 천하에 몹쓸 놈이었으면 좋겠다. 내가 그놈보단 백배 천배 착하다는 걸 알 테니까.
　나와 같은 꿈을 꾸면 좋겠다. 탁 트인 바다, 흰 돛단배를 타고 거기 뱃머리에 팔을 벌리고 함께 바람을 맞는 꿈을…
　내가 다시 잠들었다가 달그락달그락 소리에 깨어보면 웬 여자가 부엌에서 제법 노래까지 흥얼거리며 밥을 짓고 있다. 모를 일이다.

쑥부쟁이 꽃 필 때 외 1편

김│이│대

쑥부쟁이 꽃이 필 때면
햇빛 속에는 눈물이 가득합니다

선녀의 옷깃 같은 꽃이 피어
눈이 마주치면
가슴을 파고드는 슬픈 이별이
들길에 있습니다

너와의 인연은 모질고 질겨서
챌린저의 바다보다 깊고

들녘에 핀 저 꽃들은
애틋하게 부르는
손짓입니다

울고 떠난 이별을
햇빛이 안아 주고
바람이 업고 갑니다

산으로 바닷가로 숨긴 이야기는
잡은 손을 놓지 못하는
눈물입니다.

둥둥이 고갯길

혼자가 좋았다
걸어서 넘어가던 둥둥이 고갯길
진달래가 필 때면 산색이 붉었다

삼십 리 산길을 혼자 넘으면
하늘이 옆에 와서 손을 잡고
바람은 불어와 귓속에 속삭인다

외진 산속에서 목욕을 하고
맨몸으로 햇빛 속에 앉아 있으면
산은 크고 나는 작았다

산 위에 올라가 손을 흔들면
산은 모두 일어나 손뼉을 치면서
방황하던 젊은 날을 안아 주었다

동경은 하늘가에 머물러 있고
나는 산속 길을 걷고 있는데
말없이 다가오던 어머니 얼굴

둥둥이 고갯길이 나를 부른다.

바람이 하는 말 외 1편

김 전

물은 끊임없이 흘러도
소리 없이 흐르고
나뭇가지는
바람에 흔들려도 제자리를 지킨다

해와 달은 밤낮을 갈라놓지만
강물은 흘러내려야 강물이다
바람이 속삭여야 꽃이 피지만
시인은 외로워야 시인이다
깊은 산속에서
목어처럼 흔들리며
소리 없이 울어야
참시인이다

겨울강 밟으며 서릿발 위에서
바람소리 들을 줄 알아야
참 시인이다.

영도 앞바다에서

바다의 현관 앞
신발들이 낙엽처럼

흐드러진 모습으로
출항을 꿈꾸며 바람에 일렁인다
파도 같은 산을 넘고
산 같은 파도를 넘어
눈물 실어 나르던 나의 신발이여
감았다 풀었다

풀었다가 감아올리는
오늘 밤

얼레로 질긴 세월 묶어 놓고
파닥이는 비린내
그물 속에 갇혀 있다
닻을 올리고
떠나야 할 시간

그리움의 달빛이 비스듬히 기대고 있다.

아니야 난 외 1편

김 | 전 | 자

가을 꽃잎으로 스미는 설렘
나비는 앉아 날갯짓으로
애끓어 날리는 향기마다
살포시 가까이 올래
소문 눈덩이처럼 부풀어 오른다
파르르 파장이 길다
보이지 않아도 보이는 것들
울퉁불퉁 돌하르방 되어
아무 말도 하기 싫다
머무는 흔적 보일 때 한숨으로
웃음만 짓는다
염증 곪아 터지기 직전
오돌오돌 혓바늘 튀어 오른 물집들
따갑다.

한밤에

바닥으로 펼친다
너도 몇 장 나도 몇 장

게임의 법칙 일 점에 백 원씩 준다
입술 꼭 다물며 탁탁

시간이 흐른다
치매 예방 훈련 주고받은 웃음
손가락이 셈을 세는 숫자
눈으로 먹는 화려한 그림들

시곗바늘이 잃어버린 동전 되어
오늘 밤 끝자락 잡아매어 놓는다

가을밤 별들이 초롱초롱 빛나고
다시 도전을 기약한다.

까치밥 외 1편

김｜정｜원

늦가을 햇살 거푸 불러와
할머니는 감 네댓 개를
가지 끝에 다독였다

쪽마루에 앉아
푸른 산맥 굵은 손등을 만지며
혼자 중얼거렸다

'시린 추위 치열해도 잘 버텨 줘야 해
허기진 까치가 올 때까지
알았제…'

텅 빈 하늘에
주홍빛 까치밥 몇 개
자비의 눈빛에 반짝거렸다
온 마을 등불같이 환히

노을 속 번져 가는
할머니의 하얀 박꽃 미소.

고향의 밥상

왜 그리 반가웠을까
미나리 섞인 돌나물 김치
숟가락을 댄다 어리어 오는
젊은 날의 어머니 모습

어머니 냄새를 찾았지 누룽지 숭늉
천 리 길 곤함이 금시에
사르르 녹는다.

구름 운필運筆 외 1편

김|정|희

바람 한 점 앞세우고 붓을 든 그의 손길
흘림체 일필휘지로 상징의 말 적고 있다
비백飛白의 흰 울음 품고
길 떠나는 음유 시인

하늘 한 자락 펴고 그려 보는 달 발자국
송이송이 피운 꽃도 초서체로 날리며
썼다가 지워질 어록語錄
쓰고 또 쓰고 있다

결코, 한자리에 머물 수 없는 그의 숙명
연鳶처럼 뚫린 가슴, 근육골기筋肉骨氣※ 휘감아도
어스름 발묵發墨질 무렵이면
가뭇없는 이름이여.

※형호荊浩의 〈필법기筆法記〉에서 제시된 필획의 사세四勢, 동양화의 평가 기준을 제시하는데도 적용適用

쉼표

숨 가쁘게 달려온 길
길섶에 이슬 맺혔네

되돌아
가는 길에
비로소
보이는 것은

저기 저
흔들린 나뭇가지
점 찍은 듯
앉은 새.

바람의 본本디 외 1편

김|종|기|

바람이 곰살가운* 날은
생긴 그대로 어울려 살기를
좋아하는 목숨들끼리 한사코 곰살궂다*

바람이 살천스런* 날은
생물 무생물 모두 움츠리기 까닭에
몸의 촉감이 냉랭해 따습게 싸안아 준다

나 홀로 눈물겨운 날은
바람이 왜 극성스럽게 심상을 흔드는지
눈을 감고도 서러움을 달랠 길이 없더구나

바람이 나른해 무척 좋은 날은
세상 사람들이 나긋나긋 다가서서
서로 고루 두루 나누는 여유론 맘 멋지다.

※곰살갑다: 성질이 보기보다 상냥하고 부드럽다
※곰살궂다: 태도나 성질이 부드럽고 친절하다, 꼼꼼하고 자세하다
※살천스럽다: 쌀쌀하고 매섭다

건강한 가을 어느 날

목이 굽은 해바라기들을
고개 젖혀 올려보는 그 너머에
하늘이 파랗게 펼쳐 내려 깨끗하구나

나를 내려다보는 해바라기들의
씨앗 송송 박힌 둥그런 꽃자루에
철 늦은 벌 여러 마리가 발발거린다

나를 무서워하지 않는 고얀 놈들,
철 늦어 급해선지 금세 들락날락타,
행방 묘연타, 무서웠나, 숲 어디론지!

어렴풋 짐작하건대 숨겨진 벌통,
꿀로 함박 절여 논 양식을 지키노라,
찾지 못하게끔 저리 야단스레 따돌림하나!

단풍도 들꽃도 참 곱고
알곡 실과도 건강한 가을 어느 날.

덕유산 가는 길 외 1편

김 주 옥

가을빛 가득한 산길을 달렸다
창을 여니 한가득 밀려드는
물든 낙엽의 냄새
가슴에 쌓인다
쏴아 폭포가 떨어지듯
쏟아지는 샛노란 네온사인과
붉은 태양의 박수 소리
제2의 봄의 절정
나뭇잎 사이로 비쳐 드는
뜨거운 만추의 향연
떠나갈 따사로움이기에
맨 얼굴로 맞으며 끌어안았다
달려온 시간들에 악수를 청하며
하루 내내 행복만을 말하고 싶었다.

파도

바람이 왔다가 가고
계절이 왔다가 가고

그대가 왔다가 가고
당신이 왔다가 가고

네가 왔다가 가고
사랑이 왔다가 가고

다시, 또
오고 가는 시간

끝내는 그 섬이 되어
내 발길 붙들었다.

마음에서 마음으로 외 1편

김 진 태

손 없이도 손잡아 주고
발 없이도 내게 다가오는
당신이여!

입 없이도 말하며
말 없어도 알아듣는
당신이여!

눈 감아도 보이고
눈 떠도 보이는
당신이여!

내 두 눈에는 당신만이
보일 뿐이여!

누더기 옷을 입었든
지푸라기를 걸쳤든
당신은 멋쟁이
패션 모델

더더욱 멋이 있다면
속 깊이 숨겨둔 보석 같은
당신의 마음 때문이라오.

첫날밤처럼

당신은 누구시기에
촛불에 취해 얼굴 붉히며
속옷 바람에 부끄럼도 없이
내게 가까이 다가와
꽃불 당겨 몸을 안기옵니까

내 생애 처음 품어 보는
뜨거운 침방이어라
천하일색 황진이의
결백을 풀어놓는 삼베 적삼과
꼬맹이!

화려한 화아花芽 속에
한몸 되어 불태우는
무덤!

시시한 백년의 침방보다
첫날밤 첫사랑이 자유로움의
완성!

단 한 번이 아닌 늘 첫날처럼
활공으로 별 바라기가 되자구요
내 사랑 당신….

샛별 외 1편

김 | 진 | 하

새벽 샛별이 새벽을 깨운다
빛나는 샛별처럼
눈을 뜨고 기상을 한다
나의 주어진 일이 무엇이든
불만 성토하지 말고
오늘 하루가 무사하면
석양의 고운 빛깔처럼
행복하다
먼훗날 안개 속 꽃밭을
그리워하지 마라
뜬구름의 허상이오
나팔꽃처럼 환히 웃는 얼굴로
대하고 아름다운 말 건네주면
그대 얼굴에는 연꽃이 피리라
오늘 하루가 최고의 날이다.

나그네 인생

1. 나그네

오늘도 길을 걷는다
흘러가는 구름처럼
흘러가는 물처럼
나그네 쉴 곳이 어디기에
어제도 오늘도 길을 걷는다
푸른 하늘도
나그네 마음도
허공이오
새소리 머리를 맑게 하고
바람 소리 마음을 씻어 가니
마음은 더욱 허공이네.

2. 오늘도 정처없이

길 떠나는 나그네
세월이 오라 하는 대로
구름처럼 바람처럼
그렇게 길을 떠나네
나그네 영혼은
아름다운
허공에서 쉬리라.

그늘꽃

김│철│규│

거친 파도 몰아치고
북풍한설 내리쳐도
혼불처럼 붙어사는 천년바위 속 그늘꽃

사계절 푸르름 펼치며
칠흑같은 어둠에 어진 매질을 당해도
한줄기 빛을 향해
당차게 행진하는 그늘꽃

태초로부터
줄기차게 삶을 이어 온
경이로운 그늘꽃

내가 가없이 사랑하는
그늘꽃.

남에게 외 1편

김 태 자

새벽 산책 울타리
붉은 장미 막 피어

잠 덜 깬 아침 눈가
맑은 해로 떠오르니

그 청초 나는 남에게
어땠을까 돌아본다.

아침 발길

후미진 골목길에
보라 분홍 나팔꽃

아침 발길 붙잡고
햇살에 여린 수줍음

자랐던 돌담 한 구석
고향 꽃이 피었네.

풀꽃으로 우리 흔들릴지라도 외 1편

김 | 현 | 숙

우리가 오늘 비탈에 서서
바로 가누기 힘들지라도
햇빛과 바람 이 세상맛을
온몸에 듬뿍 묻히고 살기는
저 거목과 마찬가지 아니랴

우리가 오늘 비탈에 서서
낮은 몸끼리 어울릴지라도
기쁨과 슬픔 이 세상 이치를
온 가슴에 골고루 적시며 살기는
저 우뚝한 산과 무엇이 다르랴

우주에 한 점
지워질 듯 지워질 듯
찍혀 있다 해도.

몽돌

물은 천리를 흘렀는데
그대 한자리에 앉아
천 날의 물결을 깎았는가
가파른 주의주장도 누그러지고
날선 입도 잠잠해졌구나

가끔 자갈거리며
해소 기침 끓는 소리
수만 바람과 부대끼었나
엎어지며 깨진
파도의 집채 가라앉아서.

서화 전시회 외 1편

김 | 효 | 겸

삼복더위 서화전
동분서주
한문 한글 문인화 구상 속에
잠들기 전에도 상상 날개 그려 본다
내 맘은 설레었다
성공인지 실패인지 가늠키 어렵다
최선이 나의 몫
드디어 디데이
축하객 칭찬 속에 내 가슴은 작아만지는데
각양각색의 작품들
독특한 특징 지니며 뽐내고 있었다
한문의 전서 예서 해서 행서 초서
한글의 궁체 판 본체
서로 웃으면서 대화한다
문인화 매난국죽 제 나름 손짓하며
살아 숨 쉬는 그대로였다
도록의 금색 장식 그 속의 추상 문인화
액자 판화는 구성졌다
성공적 서화전에 만족했다
부족한 부분은 다음에 보충키로 하며
내 마음은 마냥 성숙해 간다, 영글어 간다
내 제2인생은 멋지게 흘러만 간다
가는 세월 잡고 싶어지는구나.

참새 떼

재잘재잘
참새가 노래한다
떼 지어

벼 조 수수 먹으려고
이리저리 날아든다

허수아비 꽂아건만
그곳에 올라앉아 조롱한다

영리한 새떼들
단체로 비행하며
배불리 살아간다

깊어 가는 가을
천고마비의 계절

새 지저귀는 소리
멋진 가을 풍경
평화로운 농촌

삶이 이런 것이렷다
새처럼 살아봤으면 좋으련만.

바람이 꽃을 피우다 외 1편

김 휘 열

바람이 벼랑 끝에 꽃을
피우고 있다

바람에 흩날린 홀씨는
아마득한 절벽
바위틈으로 찾아들어
꽃을 피웠고

병풍처럼 둘러 있는
암벽을 오르는 사람들은
그곳에서
꽃이 되길 갈망했다

그들은 그곳에서
꽃의 화석이 되었다.

그 꽃

꽃 무더기 속에서
그 꽃 보았다
나를 보고 있는

꽃 내음이
오랫동안 가슴에 여울져
그리움의 화석이 되었다

꽃은 시들어도
향기로 남는 거.

갈대 외 1편

나 숙 자

고개 푹 숙이고
젊은 기억을 더듬는 걸까
밑바닥부터 차오르는 아픔을
뱉어 내려는 걸까

척박함과 칼바람에 흔들리다 보니
허리는 휘어져 서 있기가 버겁다

속울음이 만들어 낸
허리에 통증
몸과 마음에서 시도 때도 없이
서걱대는 소리

겨울 다 보낸 지금도
여전히 들지 못한 고개
텅 빈 가슴은
소리가 굵고 깊다

산수유

첫눈이다

까치 몇 마리 발이 시린지
발을 들었다 떼었다
발가락 틈이 하얗다
입에는 산수유 열매를 잔뜩 물었다
가지마다 쌓인 눈
빨갛게 반짝이는 열매에
티베트가 보이고
갈색 경전을 앞에 두고 오체투지로
수행하는 스님 모습이 지나간다
히말라야 중턱 나부끼는 오색 깃발
천장을 한 독수리가 푸른 하늘을 난다
순백의 세상으로 날아간 영혼

히말라야 설산이 거기 있다
산수유 투명한 열매에.

도시의 오후[※] 외 1편

남 지 연

묵직한 첼로가
순연한 돌에 기대
조용히 쉬고 있다

고요마저 잃어버린
도시에서 돌덩이를 받아안고

폭우가 쏟아지거나 말거나
그 어떤 곡도 연주할 뜻이 없는
첼로에게
음악은 어쩌면 사후의 일

그러나
저 먼 데서 듣는
외로운 이가 있으리라

가장 깊고 깊은
심연을 돌아나와
검게 반짝이며 순환하는
무반주와 조곡을.

※박부찬 조각가의 조각 제목, 2007년 작.

흰 철쭉

지리산에 사는 철쭉이 희다
누가 보거나 말거나 하얗게 나고 자라는 건
천연기념물이 되기 위함만은 아닐 것이다

잎에 털을 매단 것도
꽃 속에 독을 품어 헌화할 수 없는 것도
다 제 뜻은 아닐 것이다

때가 되면 멀고 멀어져
두 번 다시 피고 질 수 없는 세계가
구만리 밖에 있는 것도
저세상 뜻은 아닐 것이다

태백산맥 끝자락의 새하얀 봄을
꽃도 아닌 내가 오래 붙들고 있는 것도
무딜 대로 무뎌진 망각 때문만은 아닐 것이다

원하든 원치 않든
이제는
다른 꽃이 될 수 없는 지리산 철쭉이
말없이 희다.

삶의 전망대 외 1편

남│현│우

수많은 계단과 언덕길을
숨차게 가슴 뛰며
힘겹게 오른 자리

낮은 곳에서는 보이지 않는
더 넓게 멀리까지
많은 삶이 보인다

그대여!
오른 뒤에는 바른
내려갈 준비가 따르나니

많은 곳들이 보이는 날에
가는 길을 밝히는
삶의 전망대가 되어야 하리.

좋은 만남

험난한 길
함께 걸어 주고

부족함을
탓하지 아니하며

없는 것도
원망하지 아니하는

아픔을 만져 주고
슬픔도 기쁨도 나누어 하면서

삶이 다하는 날까지
함께 하여 주는 만남.

야망의 꿈 외 1편

노 만 옥

세월이 갈수록 고도화
다른 세계에선 이상 감지로
유성우처럼 폭발 친다

땅속에선 미지의 세계인 땅위
별별 이티들이 발생한다

땅은 땅일 뿐으로 세상사 변함없는데
그리운 하늘

우주를 향하는 과학같이
땅 아래에서 폭음과 함께
꿈꾸던 동물들이 발견된 지 오래

한낮, 미생 미물에 불과한 것을
어쩌나, 어쩔 수 없이
한없는 허상의 꿈을 꾸고 날아오른다.

태양의 미소

순간의 바람 따라
마음은 늘 일렁이는 물결

때인 때를 맞아
하늘 한 번 땅 한 번

원대한 천상의 지렛대는
가장 낮은 물결에
빛을 굴절시켜 반짝인다.

간월암看月菴 외 1편

노 명 서

모진 해풍에 맞서
홀로 떠 있는 간월암
허기진 마음
달빛 따라
나룻배 되어 떠가네

하루의
쉼표를 찍고
어둠이 손 놓고 간 자리
서러움 가득하더니
여승의 독경 소리
눈물이 가득하다

저 지대방에 졸고 있는
저 사미는 누구일까.

울산바위

설악산 종부宗婦로
큰 애기 시집가던 날
흐르는 눈물 강물이었지
세월이 쌓여 먼 태곳적 이야기
그리움이 일렁인다

낯선 이방인의 노 젓는 소리
세상 침묵 깨트리고
굴뚝마다 아스라이 매달려
추억만 뜻 모르고 피어오르네

갈바람 옷소매 걷어붙인 채 헤매 돌고
태화강 기슭 갈대숲 속으로
물결만 철썩이며 수繡를 놓네
울산바위 터 복원해
너럭바위에 모두 모여
신명난 춤 한번 추어 보세
양반님네들.

화왕산 억새 외 1편

노 | 민 | 환

옛 성터 돌아온 바람
뽀얗게 가슴 흔들고 저만치 돌아보며 간다

하늘 아래 펼쳐진 눈부신 평원
구름인가 꽃인가 은빛 뿌린 출렁이는 그림

갈바람에
맑은 햇살 담아내는 은 억새도
해거름에
붉은 노을 반겨 주는 금 억새와
밤하늘에
하얀 달빛 품어 주는 솜 억새가
화려한 단풍보다 더 소박한 아름다움이다

눈 감으면
살며시 손잡아 주고 떠나는 지난날 이야기

오늘도 돌담 이어진 성터에는
산새와
구름과
하늘과
풀벌레
그리고 바람의 합창 메아리로 울려 퍼진다.

어둠

어둠은
보이는 것만 감추려고
저토록
까만 먹빛으로 존재하는 것이 아닐지도 모른다

사랑과 행복
그리고 낭만으로 남아
눈을 떠도
도무지 보이지 않는 아름다움을
잠시 어둠으로 감싸 두었다가
또 다른 참한 모습으로
내게 다가오려고
밤마다
살며시 찾아오는 숨겨진 그리움인지도 모른다.

나무 서리 외 1편

노 연 희

선선함 품고 살아 어느덧 커버린 살
사르랑 펼쳐 놓은 백의의 꽃물 향연
뼛속에 추스려 입고 다독이는 시간들

부화한 촉촉함은 가지에 틔워 주고
한가득 쓸어내는 이슬로 깨어난다
반짝이는 아기자기한 무리들로 만발해

산등성 피어올라 뒤안길 읊조리니
티없이 너울대는 노을 낀 굽이굽이
온몸을 내어 준 만큼 진동하는 하얀 숨.

로켓 배송配送

날마다 레일 타고 줄서는 기다림은
아무리 낯설어도 뜨거운 너의 사명使命
새벽길 가고 또 가는 한결같은 목소리

어디로 가는 걸까 글자로 어정어정
머금은 침묵으로 차갑게 쭈그린 채
그림자 까무스름히 주저앉아 조는 너

포장된 꾸러미들 길 따라 종횡무진縱橫無盡
수십 번 동서남북 알림톡 당도하니
대문 앞 비대면 배달配達 함께 하는 배려심.

살구꽃 바람에 날리고 외 1편

도경회

—이 세상에 여자 서러분 기 뭐시냐 하면
내 몬사는 거 친정 몬사는 거 시집간 딸년 몬사는기라
막내딸 벙구완 오신 외할머니
허리 기역자로 굽은 외할머니
하얀 먼지 길 신작로 따라
저 윗뜸 외율까지 갔다가 십리 길 되돌아오셨다
저만치 물러서는 끝물의 저녁 빛 비스듬히 끌고
지팡이를 또닥거리며 찾아오셨다
하나 둘 꽃스런 등불 켜지고
서러움도 그만 그만해질 때까지
봄마루에 앉아
아득히 휘어지며 장독대에 수북수북 날리는 꽃잎
살구꽃잎 바라보시다가.

휘파람새

이 수술 끝나면
월남전 파병 용사인 나는
목소리를 잃는다

수술실 앞에서
그늘을 한 자락 매달고 있는
안사람 손을 잡아 본다

잎새들 다 떨어져 헐빈한
옹이 많은 나무

자네를 만난 것이
내 생애 제일 큰 복이었네
온 정신을 모아
툼벙툼벙
마지막 말을 던진다

소리가 와서 머무는
내 그리운 뜨락에
휘파람새로 와서 울어
홀로 핀 소리 꽃 한 송이
막막하고 두려운 순례를 가고 있다.

비가悲歌 외 1편

류 광 열

함박눈 꽃상여를 빗금 쳐 지워 가고
찬바람 한패 되어 숨마저 막아설 듯
숨죽은 상엿소리에 쏙 여미며 따른다

아침에 바라보고 노을에 띄워 봐도
대꾸도 흔적 없는 쓸쓸한 텅 빈 하늘
내색을 감추려 해도 서러움이 넘친다

마음 밭 정리하고 농사를 짓다가도
추억들 돋아나면 긴 호흡 삼키는데
언제쯤 그대를 잊고 마음 편히 지낼까.

이별과 기대

저승길 찬바람에 만사지 요란하고
가슴속 남은 말로 길 위를 수놓는다
떠나는 마음 아는지 가로막는 눈보라

함박눈 산모롱이 좁은 길 지워 가도
바람에 업혀 오면 그 산길 무슨 소용
어쩐지 볼 것도 같다 피어오른 기대감.

분꽃이 피었구나 외 1편

류 창 렬

분꽃이 피었구나 저녁 채비 해야겠다
나직한 시어머니 목소리가 울을 넘는다
시계가 귀하던 시절 어느 집 이야기.

세신사洗身師

때밀이라 하지 말고 세신사라 불러 줘요
문신으로 도배한 건장한 청년 앞에
만감이 교차하지만 생업인 걸 어쩌노.

사고로 누워 외 1편

리 창 근

어느 날 갑자기
걸을 수 없게 됐다
좀 전까지의 상황이
얼마나 감사한지
하느님 그분께서는
표지로 말씀하신다

회개하라 회개하라
순간순간 회개하라
인생이 서둔다고
잘 되는 게 아니다
누워서 보는 세상이
어떤지 잘 보거라

얼음판 딛듯이
조심해 다녀야지
한순간 잘못되면
세상이 달라진다
서둘러 사는 삶에는
위험이 친구 되지.

우리 모두 장애인

내가 장애인이라 얕잡아 보지 마라
알고 보면 너도 장애인 부류야
이 세상
온전한 사람이
몇이라 생각하니

장애인 장애인 함부로 말하지 마라
너의 생각 네 말들이 장애란 걸 넌 모르지
세상을
살다가 보면
장애 없는 사람 없어

이렇게 말하면 저렇게 말하고
제대로 듣는 사람은 몇이나 될 것 같아
생각도
모두가 달라서
일치도 안 되는데

육신이 멀쩡하면 모두가 정상 같지
그렇지만 알고 보면 겉모습만 그럴싸해
진면목
따지고 보면
우리 모두 다 장애인.

80리 길 외 1편

마 정 선

80리길
작은 언덕을 넘었습니다
품어 주신 하나님의 사랑
감사의 은혜가 넘칩니다
갠 날, 흐린 날
이슬 맺히고 흰서리 내리던 날
밝고 맑은 희망 넘치던 날
숱한 날 달려온 우리
80리 길을 달려왔습니다
날 저물어 해 기울어 가는
80리길
센 머리 의악 새 언덕
아름다운 황혼 길에도
새벽을 깨우는 길
사랑의 물살 저어 갑니다
존귀하고 거룩하고 보배로운
택함 받은 나실인들
생명이 어울리는 시온 길
온 땅 흔들리는
부활의 영혼 찬란한
저 높은 하늘의 생명들
겸손히 미소 지으며
하늘 소리만 듣게 하소서.

죽음에서 영원으로
―고故 강병원 장로님을 그리면서

잠깐 쉬어 가는 세상
멀고도 또 긴 여행은
너무나 짧은 인생의 길
강병원 장로님의 삶은
아쉬움 주고 먼저 가 버린
거룩한 삶의 개척자였네
지나온 우리들의 삶
그래도 택함 받은
나실인들의 믿음은
너와 나의 지나온 길
너무나 짧은 뒤안길로
깊은 정 가슴속에
그리움이 사무칩니다

구수한 영광 굴비의
백반 점심 먹은 법성포
파도치는 청정의 바다 건너
하늘의 영원 속에 에덴동산
먼저 가버린 믿음의 자리를 본다
그때 우리는 무등산자락 잔디 위에서
가사 문화가 숨쉬는
문인들의 속삭임 나누듯
짧은 이별의 연습으로
잊을 수 없는 추억이 되었네.

숨 쉬는 옹기 외 1편

문 정 숙

여인의 흰 피부를 쓰다듬듯
붉은 흙을 다듬고 다듬어
가마 속 불꽃에 사랑을 불태운 도공
그의 얼굴은
가죽처럼 구겨져 맵시 뽐내며 입을 꽉 다문다

장인의 간절한 땀방울은
돌부처인 양 하며 옷고름 풀어 헤친다
눈물은 가슴에 젖어
솔향기 풍기는 옹기에 담긴다

내 마음의 옹기는 도공의 마음처럼 넉넉하고
여인들의 한과 사랑이 가득하다

어머니 품같이 자애롭고 깊은 정성이 우러나는
숨 쉬는 옹기

오월의 햇살을 받으며 바람 타는 옹기들은
곱고 깊게 패인 블랙홀 속에
선조들의 맛과 멋을 담고 있다

수많은 옹기들은 오늘도 숨 쉬고 있다.

가을의 노래

밤새도록 내리는 가랑비에 시월은 깊어만 가는데
가을은 초록빛 옷을 벗어 던지고
눈부신 빛깔로
세상을 아름답게 수놓는다

바람에 흔들리는 모습은 왜 슬픈가? 무엇에 울고 있는가?

가까이 들여다보니 강한 바람에 견디지 못하고
떨어져 흘러가는 낙엽들
외로이 떠다니다가 산천에 묻힐 줄 아는 이
몇몇뿐이다

잠을 수 없는 저녁노을 점점 어두워질 때
붉게 타오르는 단풍잎과 눈 마주치며
따뜻한 미소로 인사하면
아름다운 시월 잊지 못하리

떠나가는 가을 끝자락 꼭 붙잡고 싶은 마음이다

바람 따라가는
가을은
울음소리도 들리지 않는 낙엽처럼
조용히 사라진다.

발우鉢盂 외 1편

문 지 은

욕심은 내 몸을 해하고
적음은 내 몸을 허기지게 하며
적당함은 내 마음과 몸을 채워 주네

하나둘 모여 앉아 세상 허기진 몸 채워 주고
세상 알까 은은한 나무 향 품어 주며
남은 그것마저 다 가져가라
휘휘 윤슬 같은 물결 일으키며

다 비우고 나면
세상 걱정마저 사라진다

그저 비우지 못해 이리 힘든 것을
나는 오늘 또 버리지 못하고
채우기만 합니다.

바람

바람 손으로 잡으려 하지 말아요
마음으로 받아들이세요

바람 쫓아가지 마세요
그대에게 다가올 때까지

바람 머문다고 안도하지 마세요
늘 당신 곁에 있어요

바람 시원하다 웃음 짓지 마세요
바람 속삭임 들어주세요

바람 사랑한다면
바람에 길을 같이 떠나세요

바람도 슬퍼 눈물 흘리기에
바람 따라 비가 와요

이 모든 것이 바람의 마음.

세월의 가재 외 1편

박│건│웅│

산을 오르며 골짜기 실개천에 젖던
일곱 살 내 유년을
환상으로 만난다

물속 돌을 들춰 가재를
쫓던 아이
그 시절처럼 돌을 들추다
물에 드리운 내
그림자를 본다

일곱 살 내 유년은 어디로 갔나
물결에 흔들리는 백발의
낯선 얼굴

옷이 물에 젖는 것도 모르고
가재를 잡던 아이 세월의
가재 되어 뒤안길로
모습을 감춘다.

비 내리는 산사

쟁글 챙 쟁글 챙 챙글 랑
사찰의 추녀 끝
풍경 소리 빗속에
빨려들고
촛대에 반짝이는 황촉
목어를 손에 든
스님의 모습 경건히
비치고

근심 걱정 슬픔 고통…
파란 많은 세상사
주룩주룩 내리는 빗줄기 같아
풋풋한 삶 힘들고
팔정도 행보 어렵다지만
목탁 소리 염불 소리에 실린
자비로우신 부처님 혜안
중생을 헤아리시네.

겨울나무 외 1편

박 관 호

새벽 어두움을 가로질러 밝음을 쫓아
남으로
질주하는 헤드라이트가 잦아드는
고속도로 한쪽 끝
스쳐 지나는 그리움이 목마름으로
검게 말라 버린 가지 끝 오동잎
잎새에도 사연은 남아 울음 우는 거리
떠났어도 여기 있는
인연의 끈에 얽힌 겨울나무
모진 시련의 나무
기어이 가려느냐
비 내리는 강변에 서서
감격으로 맞는 반가운 재회
입은 옷 다 벗어 잎새를 떨구고
찢겨 날리는 편지 쪽처럼
나는 또
다시 돌아와 그 자리에 설
세월의 다리를 건넌다.

기다림

뻐꾹새 우는 숲속에
안개 걷히면
광희의 아침 나는
그리워하리

손잡을 수 없고
이야기할 수 없고
바라볼 수 없어도
나는 해 질 때까지 당신을 기다려

상처를 가슴에 묻어
아무 느낌도 없을 때까지
우리는 그렇게
인내하며 살아가리.

영원히 그리움으로 외 1편

박 광 훈

쪽달빛 비끼는 창가
눈빛 머얼—리
산 너머로

연둣빛 소녀가 하나
밀실에서 나옵니다

삭여도
되삭아 뜹니다
만나고픈 설렘으로

속새론 두렵습니다
그 설렘 부서질까

은유의 구름띠 벗고
쪽달 다시 내비치듯

영원히
그리움으로
남겨 두려 합니다.

단풍

내 마음 한 겹 접어
그대 마음 물들이고

그대 마음 한 겹 접어
내 마음 물들이면

그대 나
가을 없어도
단풍처럼 물들겠네.

여정, 그 사이 외 1편

박|대|순

초여름 강가에서
햇살에 부르튼 바람의 걸음걸이가
여울과 햇살 사이에 머물 때는
눈이 시려 눈조차 뜰 수 없는
여정, 그 사이
한 마리 물고기의 자유로운 유영은
곱게 눈 뜬 상사병의 주범
눈 먼 사내가
금빛의 노을 길을 걸어가는
햇살과 여울 사이 여정.

달

　오래된 회나무 그림자가 덜컹덜컹 길을 갑니다

　세상 둑길을 다 밟고 지나간 늦가을 농부를 부르며
　짧은 해 그림자가 이 씨네 집 앞 회나무 가지를 밟고 달이 됩니다
　회나무 그림자가 나무 꼭대기 세상에 밤새 달을 붙잡아 두는 동안
　이 씨네 순자는 아무도 모르는 먼 곳으로 사랑을 가지고 떠났는지
　고운 달은 순자 아버지 숨소리가 헐떡거리는 사랑채 쪽을 한 번 보고
　나는 어둑어둑한 마을 한쪽으로 패인 감장 고무신 발자국을 던집니다
　내가 던진 낡은 발자국들이 덜그럭거리고
　뒤태를 잃은 별빛들이 아침이 오도록 숲을 물들일 때

　홀로 방향 잃은 나를 끌어당기는 당신은
　밤새 떨고 있는 나를 내려다보는 당신은
　처음부터 그 자리에 있었던 어머니 같은 당신은
　당신을 잃고 난 뒤에야 아득한 그리움이 보였습니다.

기도하는 나라 외 1편

박래흥

사람의 행위가 여호와를 기쁘시게 하면
그 사람의 원수라도 화목하게 한다는
잠언의 십육 장 칠 절 말씀처럼 사느냐

나에게는 자가용이 두 대가 있는데
하나는 옛날 티코 하나는 새 에쿠스
고사故事의
온고지신溫故知新을 잊지 않게 하소서

폐차장에 가야 할 고물 티콘 전시용
성능 좋은 에쿠스만 늘 타고 다닌다
속담俗談의
조강지처糟糠之妻를 잊지 않게 하소서

버스, 기차, 배, 비행기
늘 고개 숙여 보는
휴대폰 날마다 기도하는 사람 많아
우리의 대한민국은 축복받은 나라일까.

시에 그린 보배섬

그 누가 진도 홍주 밤새며 마시는가
누가 코로 저렇게 단팥죽을 쑤는가
저명한
시인 만나니 잠 못 자도 좋구나

잠들면 깨우고 또 잠들면 깨우는가
진도 홍주 맛 좋네 한잔만 더 마시세
만취해
병난다 해도 권한 정 거절하랴.

겨울 장터 외 1편

박│명│희│

칼바람 부는 초겨울 장터
멀찍이 한쪽에서
그녀의 푸성귀들이 시들어 간다
그녀의 시금치 그녀의 호박
세월이 경계를 넘은
금이 간 함지박
희망도 금이 갔을까

유독 세월이 그녀에게만 가혹했는지
노지에서 자란 시금치처럼
그녀에게도 단맛 나는 시간은 있었을 터인데
따순 국물 한 그릇 없이
꾸역꾸역 아침인 듯 점심인 듯 마르고 딱딱한
삶을 삼킨다
물기 어린 눈가에 가늠하기 어려운
빛이 스친다

짧은 겨울해는 파장을 서두르고
그녀의 금이 간 함지박은
다시 오체투지를 시작한다

장은 나흘, 아흐레만 열린다.

쑥부쟁이

아직도 더 불러야 할
회한의 노래가 낮은 자락에 쌓여
바람 몹시 부는 날이면
푸른 옷깃에 눈물 훔치지만
누추한 들판
겹겹이 앉은 넝쿨 헤치며
내 어머니 무릎에
시리게 뿌리 내린
애잔한 꽃이여

보이고 싶지 않은 마음
작은 등 하나 켜고
무너진 시간 곧추세우며
산그늘 낮은 자락에 앉아
불면의 밤을 수놓는
내 어머니의 꽃이여.

연꽃 외 1편

박 병 규

뻘 속에 희망이
심어진 삶

세상 물소리
귀 기울이며

어지러운 늪에
인생 꽃 봉오리 져

얼룩진 누리
정화로 살면서

고운 마음 열어
아름다움 펼치는

극락 세계를
공연하는구나.

무정세월

세월의 변화는
계절이
바뀌는 것뿐

인생을 조용히
늙히는
재주가 있고

달아나는
빠른 달음질에
따라온 인생

뛰다보니
지친 낡음이
잦은 고장이 숨어

더는 따를 수 없는
무정세월이구나.

철딱서니 외 1편

박 상 진

철없던 그 시절
뜨거운 햇살이 이마 찌르고
군불 지피던 한낮
고옴다리(잠자리) 잡겠다며 치맛자락 붙잡고
생떼 부릴 적
"갱물(바닷물)에 멱이나 감고 놀아라" 하실 때는
미워하는 줄 알았다

겨우 머리카락 한 올 얻어
싸리비 끝에 묶고
머리카락 한쪽 끝 파리 묶어
앵오리*를 외치며 냇고랑 둑길 쏘다니다
개선장군 되어 돌아오면
거친 손길로 얼굴 닦아 주시며
왜 그리 야단만 치시던지

새벽잠 아끼시며 공들여 찌른 비녀머리
다시 찌르는 것이 귀찮아서도 아니고
발길에 차이는 고달픔과 째다 만 모시 다발이
두름밭* 거름 무더기만큼 쌓여서도 아니라는 것을
낡은 나일론 그물 같은 후회가
삼복더위 껍처럼 붙어 떼어 낼수록 칭칭 감는다.

※앵오리: 잠자리 부르는 소리
※두름밭: 여름철, 마구간 대신 소를 매는 곳

소쩍새 울고

짙은 밤
소쩍새도
잠 못 이루네

둠벙가 모깃불 피워
홑이불 다독이며
모기 쫓는 부채질

그 정이
별만큼 가득해도
홀연히 떠난 님
이젠 알 것 같은데

남몰래
울고 싶은 이 밤
후울쩍 후울쩍
네가 울어 주누나.

대화 외 1편

박 성 주

운동하니까 좋지?
어제 친구와 공놀이 재미있었는데
층계 내려갈 때는 조심해야 돼
오르는 게 더 땀나고 신나
집에 가면 김치에 된장국이 맛있을 거야
산에 오르면 꼭대기에서 아이스크림 팔던데
이제 다시 오르막이다
와 계단이 많네, 몇 계단이야?
백팔번뇌
몇 계단이냐니깐
세어 보자. 백팔번뇌
이백 계단이라는데 정말 이백 계단일까?
숨차 못 세겠다
그러니까 백팔번뇌지
아이스크림 먹을 수 있겠다

두 손 꼬옥 잡은
손녀와 할머니의 헐떡이는 목소리는
꼴딱 층계를 넘어서
푸른 하늘의 새털구름이 된다.

눈

바라보기엔
아름다운 당신

가까이 하기엔
불편한 당신.

가을은 외 1편

박 성 희

가을이 내 곁에
그리움이 자라납니다
가을이 내 맘 깊은 곳에 들어오니
사랑의 그림자가 눈에 시려 옵니다

가을이 속삭이니
낙엽이 되어 숲을 거닙니다
가을 바람이 옷깃을 스미니
국화꽃
향기 속에 차 한 잔 그대와 함께
찻잔에 그리움과 사랑을
띄우고 싶습니다

가을이 부르는 곳에
당신의 그림자가 나를 기다립니다

당신이 다가오시는 자리에
사랑의 무지개가 펼쳐지고
붉은 노을 속에 단풍 진
그대는
나의 사랑입니다
가을은 나의 사랑입니다.

가장 빛나는 순간

나 노래가 있어
푸른 강물을 보았네
흘러간 시간 뒤에
바람은 숲을 이루고
푸른 가지 흔들며
지는 노을 속에
빛나는 황혼의 빛

두 어깨에 내려앉은
봄의 나래
내 생애의 빛나는
순간이 별빛이 되어
저 하늘을 수놓으려 하네

그림자 드리우는 서녘 하늘
가까이 다가와 손 내미시는
당신은 아직도 기다리며 미소 짓네

붉은 노을 속에 빛나는
그대 얼굴
그리운 사랑이 되어
바라보시네.

십자가 목걸이 외 1편

박│숙│영

첨탑 위의 붉은 십자가
휘황찬란한 네온사인에
묻히고부턴
순례길을 포기한
이방인이 되었다

값비싼 맹세가 무색하게
헐값에 팔려 버린
영혼과 텅 빈 눈
주인을 잃은 십자가가
싸구려 큐빅을 감싼 채
내 목에 무심히 걸려 있다.

해바라기

나보다 더 큰 얼굴
나보다 더 많은 점
구부정한 등허리와
빈약한 하체에도

작열하는 태양을 향한
너의 당당함과
황금빛 꽃잎의 후광이
오랫동안 떨구어진
나의 고개를 들게 했다.

가을밤에 외 1편

박|신|정|

외짝 눈썹 하나
넓고 푸른 항아리 속에
빠뜨려 놓고

섬돌 밑의 귀뚜라미
풍경으로 울고 있다

시어詩語와 싸우다
혼절한
선비

지붕 위에
매월당 김시습이
박꽃으로 앉아서
탄식하는 소리 들리시는가.

채석강에서
— 변산반도

수억만 년
쌓인 한恨을
책으로 엮어서
층층이 절벽에 쌓아 놓고도

차마
아니 잊혀
떠나지 못하는
바다

낙조가 지나다
슬픈 얼굴로
책장을 뒤척일 때면

파도는 바다 위에서
소리 없이
흐느끼고

사람들은
술 대신
낙조를 마시며 운다.

겨울 연가 외 1편

박 연 희

고요히 저무는 석양을 바라보며
넓고 아름다운 하늘에
너와 나의 기원을 펼쳐 보자

찬바람 이겨내며 가녀리게 웃는 풀꽃
따스한 봄을 기다리며 견딘다니
자연에게 겸손한 마음 배워 보자

서글픔에 짐짓 쓸쓸하거든
고독함도 살아가는 이유이기에 아름답다고
서로 위로하고 위안 받으며
마음 나라 평안함을 그려 보자

변함없이 뜨고 지는 태양 아래
우리 함께 내일을 가꿔 가며
사랑하는 너와 나
귀하고 맑은 인연 감사히 여기어
따뜻한 행복을 그리고
진실한 사랑 하나 심어 보자.

동백꽃

사각사각
추운 겨울 피어나는 동백꽃
내가 어렸을 적에는
담장 아래 소복하게 떨어진
동백 꽃송이 하나둘 짚에 꿰어
예쁜 목걸이 만들어
뽐내며 행복해했지

밤새 찬바람 이겨내며
열정적인 빛으로
처연하게 몸을 낮추던
그 모습 떠올라
붉은 열정의 동백 꽃잎 덮으며
나는 깊은 잠을 청하네.

가끔 그 숲길에서 외 1편

박 영 순

지나간 어느 여름날
낮에도 어둑어둑 먹장구름 밀려와
비를 뿌렸지

송림 우거진 그 숲길에 누구였나
빗속을 무심히 걷던 이
가끔 또 비는 설레듯 내리고
가을의 비는 색깔로 수풀을 물들이고

차츰 바람이 차다
이제 비는 솜털처럼 가볍다
절로 사뿐히 송이송이 눈이 되어 내린다

비로소 우리는 가다 오다
엇갈린 뒤에도 서로 만난다

눈길에서
문득 나에게로 가련한 그대 발자국
그리고 내 발자국 어디쯤인지
밟고 걷다 배후가 허전하면
희디흰 눈꽃 같은 마음
생각나면 돌아보라 그대여
누군가는 그 길 스스로 걷는다네.

밤비는 내리고

우레와 번개는 번쩍번쩍
무엇이 있는 걸까?
모래성 위에 집을 짓는 거지
검은 밤이 하얀 오늘
갑자기 저 넓은 하늘에
백로가 생각난다
백로는 혼자서 세상살이 버거운지
꼭 한 친구를 기다리는 것을 보았다
그걸 사랑이라고 하는 건가?
둘이서 큰 날갯짓하며
파란 하늘을 나는 것을

어느덧 비는 멈추고
아침이 밝았다
오늘도 내일을 향하여 열심히 살아야지
오늘 아침이 밝았다.

보고픔이여 외 1편

박 영 춘

잘 익은
수박 덩이같이
파삭파삭
달달한 달밤에
보고픔
만나보고 돌아오는
귀갓길

콧노래는 잠시뿐
다시 살아나
도로 또 밀려오는
그리움이여

달빛에까지 어려
자꾸만 되살아나는
보고픈 달빛 그림자

겹겹 그리움이여
겹겹 보고픔이여.

하얀 차돌

코피 터져도 울지 않고
무릎 깨져도 멈추지 않고
햇살 비춰 오기만 기다리던
하얀 차돌멩이

앞날의 뜻
야무지게 품고
밤새워 공부하는
너의 눈빛 별빛이었지

어디선가 들려오는
바지저고리 주름 펴는 다듬이 소리
어둠 속 고요 뚫어 귀청 건드렸지
석유 등잔불 그을음 콧수염에 매달렸지

가슴속에 아릿아릿 부풀어 오르는
너의 하얀 꿈

참으로 야무졌지
보석으로 빛났지.

멸치 쌈밥 외 1편

박일소

바다가 보이는 창가에 앉아
남해 바다를 통째로 싸서 먹었다
창 너머 들어와 앉는
푸른 하늘도 함께 마셨다.

울 엄마

가는 길은 있어도
다시 돌아오는 길은 없다고
가신 아버지 생각에
흐느껴 울던 어머니
전화기 속 어머니 음성
이제는 아버지 따라가신 어머니
그립고 보고 싶어도
돌아오시지 않는
울 엄마.

단풍과 검버섯 외 1편

박 정 자

오색으로 변하고 있는
단풍잎을 바라보다
뜬금없이
얼굴과 손등에 피어나고 있는
검버섯 생각이 떠올랐다

색깔과 모양만 다를 뿐
푸르던 잎 단풍으로 물드는 것이나
곱던 얼굴에 검버섯 피어나는 것이나
모두, 청춘을 견뎌낸
황혼의 아름다운 증표!
농익은 애틋한 빛깔!

느닷없이
붉어지는 눈시울에
노을이 깜빡거린다.

비바람 그친 다음 날 새벽 낙엽 산길

늦가을
세찬 비바람 그친
다음 날 새벽
아무도 밟지 않은
포근한 낙엽 산길

맨몸으로 쌓이고 쌓인
솔낙엽 활엽 낙엽 한데 어우러져
풋풋한 향기의 길

군데군데 떨어져 있는
크고 작은 삭정이와 솔방울도
그 향기에 젖어 버린 듯
다소곳이 말이 없고

동녘에 조각달과 샛별도
그 향기에 취해 버린 듯
게슴츠레한 눈빛.

이렇게 살다가세 외 1편

박 종 대

빈틈없는 질서를 지키는 우주의 신비
그 지구에서 우리는 살고 있네
그러니 우리 또한 대단하지 않는가
쓸모없이 태어나게 한 것 없다 하였으니
나의 쓰임이 어떤 것인지 보답하며 사세

우주 자연이 그리도 넉넉히 나를 붙잡고
한 치의 오차도 없는 불변의 대자연의 순리
어찌 부덕과 잘못을 저지를 수 있단 말인가
되는 대로 마지못해 피는 꽃은 되지 마세

비워낸 마음에 사랑하는 덕목을 채워
계절 없는 온실 속 꽃보다
역경을 이겨내는 들꽃의 향기로 살다들 가세
나 죽어 산허리 허문 비웃음 사지 말고
우리 모두 흔적 없이 떠나려면
가진 것 다 돌려주고 한세상 기쁘게 웃으며
소풍 가는 듯 동무하며 살다
주님 계신 곳 함께들 찾아가세.

인생살이

살다 보면 가정이란 동아리
집 짓는 일 첫째요
그 집 울타리
꽃 피워 향기 나는 가정 둘째요

자식 잘 가르쳐 짝 찾아
결혼시키는 일 셋째요
자기 취향 살려 뜻 이뤄
열매 거두는 것 넷째라

어찌 노인네라 무위도식할쏜가
북망산 눈앞 서럽더라고
해야 할 일 하고픈 일
놀지 않고 꼭 해야 하잖가

땀 흘려 얻는 게 있어 좋고
이뤄 나가는 성취감
살아 숨 쉬는 행복
가는 세월 함께 하니 이 아니 좋은가.

금수강산 외 1편

박|진|남

늘푸른 소나무숲
요람 삼아 눕고 싶다
달이 밝은 한밤이면
빛이 고와 더 좋겠지
산바람 부는 날이면
솔잎 향기도 그윽하고

불타 버린 저 민둥산
바라볼 때 가슴 아픔은
뭇 생명들의 숨소리가
순식간에 멈추었기 때문
삶이란 가치로운 것
살아 편히 숨을 쉬는 것

송림 산길 함께 걸으며
환호하면서 즐겨 웃도록
휘황찬란한 오색 빛깔을
민둥산에 흩뿌리고 싶다
비단에 아로새겨질
금수강산을 수놓고 싶다.

원각사에서

마음 아예 내려놓고
열 손가락 모읍니다

가슴 안으로 밀려든
설법마저 비우고서

안팎에 덧쌓인 것들
한 꺼풀씩 벗깁니다

알고 보면 이 심신도
원래 속 빈 허공의 꽃

아집으로 물들은 번뇌
깨우침으로 닦아 가며

중도의 자리에 올라
환한 불빛을 밝힙니다.

귀울음 외 1편

박|진|희

들킬까 꽃발 들고 다가온
어스름 속 발소리
사스락대는 밤이 되면
몽돌 부딪히는 소리
등대 안고 발레 하는 물보라 소리
밀어내 보지만
속살 파인 소라의 귀
생고등어 얼리는 비릿한 울음 운다

물꽃 터뜨려 잠재워도
반향 없는 눈꺼풀만 깜빡깜빡
대문 열듯 활짝 열어 버린
소라의 귀
모난 돌 모서리 깎는 고통
해무 낀 백사장에 비틀거리는 발자국
간밤 기억조차 삐뚤빼뚤한 새벽은
모래 박혀 물무늬 망울망울
꽃노을 된 파도 울음바다로 간다.

실거리나무

빨간 더듬이 내밀고 나래 접은 노랑나비
대절산 바라본다
하늘 배경으로 덩굴도 아닌 것이
가지도 뻗을 줄 모르는 것이
우직함 곧추세워 참죽나무 오른다
푸석한 새끼줄 잡고 우듬지까지
오르고 말겠다는 생각뿐
독수리 발톱처럼 옥죄고 움켜쥐면
놓지 않는다는 본능은 비밀도 아니다
벼랑 타는 담쟁이는 공기 뿌리도 있고,
도와주는 버팀발도 있고,
등나무는 잡았다 하면 비트는 재주라도 있지
기근도, 허릴 꼬는 절박함도,
덩굴손도 없는 것이
툭 치면 부러질 것 같은 줄기마다
가시로 세운 자존심 하나로 버틴다
승목기昇木機 바닥에
뾰쪽뾰쪽 돋아나는 잉걸불 자라자
천천히 다가서며 곁 내주는 꽃
도드라진 더듬이 빨간 혀 빼물고
노랗게 물들인 노을빛 꼭대기에 앉아
별 따는 바지랑대로 하늘 만지고 있다.

아내 외 1편

박│현│조

생生의 뒤안길은
저물 대로 저물어 가는데
당신이 앉은 자리마다
싱싱한 내일의 감정 깃든
꽃씨가 날아들어
아름다운 꽃이 피어납니다

당신은 저녁의 방향을
명랑하게 모색하는
꿈의 씨앗입니다

당신이 지나온 발길마다
냉담한 어제의 표정은 흩어지고
빛나는 씨앗은 뿌리내려
파란 새싹이 돋아납니다

강마른 마음의 혈관에
빛과 웃음과 긍정을
불어넣어 줍니다

당신은 언제나
난폭한 불운을 뚫고 일어서며
사랑을 뿌리는
꽃씨 여인입니다.

꿈, 바다, 바람

불안한 질문 가득했던
삶의 옹이까지
아내와 함께한
바닷속 같은 세월

파도는 뭍 향해
하얗게 소리치고
꿈속에서
물고기 같은 아이들 키우면서

오후의 바다는
황혼의 해를 생각한다
꿈, 바람의 푸른 파도랑.

가을 산사에서 외 1편

박｜화｜배

붉게
아주 붉게 산사를 물들인
저 가을 단풍처럼
내 사랑도 그렇게
타오르면 좋겠다

붉은 저 빛깔의 절정
격렬한 몸짓으로 타오르는
내 사랑의 환희
아! 붉은 마음 이대로
끝없이 가고 싶다

단풍같이 타오르는 마음도
세월이 지나면 언젠가
우수수 낙엽 되어
떨어질 날 있을까

산사를 지나는 단풍 바람
붉게 물드는
풍경 소리.

산수유

찬바람에 허옇게 살비듬 일어난
노인의 앙상한 삭신처럼
낡은 껍질이 부스스하더니
그 말라빠진 야윈 삭신에서
어찌 수줍은 듯 고운 미소를 띤
아릿한 꽃을 피워 냈을까

어찌 검버섯이 덕지덕지 핀
죽어 가는 듯한 마른 삭신에서
그런 노란 별꽃을 피워
매달았을까

겨우내 매서운 추위에
그리운 마음 안으로 삭이며
님을 기다리다가
간밤에 불어온 봄바람에
밤새 신열로 온몸이 불덩이 같더니
너는 기어이 네 가슴속에서
한가득 노란 은하수로 피어났구나.

풍경風景 외 1편

박 | 희 | 성

산새가 봄 한자락
옹달샘에 씻고 있다

바람이 조잘대며
꽃 필 날짜 물어본다

알아서
뭐하느냐고
지레짐작하란다.

산山에서

봄 도랑 돌다리에
노을이 곱게 앉자

달빛 가슴 열어 놓고
정情 숨겨 보듬는데

바람은
나비 한恨 달래려
봄 향기만 뿌린다.

쌀은 삶을 준다

박 희 익

농업국이었던 우리나라
지난 농부의 삶이 어떠하였는지
지금처럼 살 수 있었다면

누구나
농사일하지 않을 사람 있을까
씨앗 모판 만들기에서
수확하는 날까지

농사철 딴생각할 여가가 없다
논갈이 모판 만들기 씨앗 뿌리기
벼논 매기 3번 벼 수확 탈곡 방앗간

소로 논갈이 대신 트랙터가 다하고
요즈음 농사일 기계화로 바뀌어
옛 노인들 생각이나 하였으랴

생각건대 고생하신 농부
요즈음 여인 예같이 일한다면
아마 대부분 도망가고 없을 것

점심 쇠죽 한꺼번에 이고 가는 어머니
막걸리 주전자까지 손에 들고…
추수기 낫으로 벼를 베어 볏단을 묶어

탈곡기로 밤새 탈곡하는 일군들
벼를 말리고 매상하던 시절
삶이 그뿐이겠는가

보리갈이 보리논 김매기
벼와 보리가 전부인 농촌
가난한 사람은 남의 집살이

호롱불 아래 아낙네 삯바느질
머슴 사경으로 살아가던 해방 후
우리나라 살림살이 보릿고개 시절

살아보지 않은 사람은 피나는 삶을
어찌 알 수 있을까?

지금은 지상 천국 살아가는 좋은 시절
개인주의로 살아가고
젊은이는 도시로 배움도 대학까지
보내지 않는 집이 어디 있으랴

자동차 없는 집이 없고 휴대폰 없는 초등학생 없다
시골은 어린애 소리 멀어진 지 오래고
마을마다 노인뿐 청년이 60대~70대이니
참 살기 좋은 세월인가 보다.

해안선 외 1편

방 정 순

백로는 능선 따라 배회한다
아침 햇살에 몸을 싣고
꿈을 그려 본다

능선 맴돌다 돌다리 건너
햇살 한줌 이고
저 물도 건너야
더 넓은 세상을 본다

저 물처럼 맑은 곳으로 가
건져 올려야 한다
물도 퍼 올려야 쓸 수 있듯
지느러미 건져 올려야
아침 성찬이 된다

저 유리처럼 맑은 곳에
햇살을 이고
사분사분 아장아장 걸어

오리방석을 배회하며
감사한 마음으로
세월의 깊은 수심을 낚는다.

세월의 수繡

새들이 아침을 열듯
꽃들이 피어나 향기를 내듯
환상의 세기를 그려 낸다

자연의 이치에
가르침이 있고
세월에 받는 전통의 미를
소중히 간직한다

문양의 감상에서
옛 지조의 기운을 느끼며
돋아나는 촉수처럼
끈끈한 매듭으로
피어나는 꽃향기같이

동짓달 긴긴 밤 실타래 풀어
성취의 비는 마음으로 수를 놓는다.

춤사위 외 1편

배 종 숙

꽃바람 여린 숨결 꽃숲에 스며든다
청천淸天에 고인 눈물 이슬로 흩어지고
번뇌도 어쩌지 못해 오랜 가뭄 버겁다

무엇이 저리 슬퍼 마른 하늘 눈물 짓나
내비친 그림자에 춤추는 꽃의 물결
희뿌연 먼지바람에 화몽花夢마저 외롭다

빗줄기 한 줄 한 줄 창가에 흘러내려
못다 한 생각 한 줌 찻잔에 스미는 맘
메마른 추억 그 자리 그리움이 서 있다.

달맞이꽃

강섶에 달빛 마중 귀또리 노래할 때
함초롬 미소 띠고 손 내민 여린 화봉花丰
숨죽여 흐르는 강물 손짓하는 어여쁨

꽃잔등 입술 위에 달빛을 머금고서
밤이슬 젖어들 때 여미는 황의 자락
저 너머 오작교 전설 품어 보는 그리움

기다림 주체 못해 터뜨린 앳된 사랑
못다 한 연민의 길 눈물진 달바라기
갈바람 노니는 길목 주저앉아 피는 꽃.

나무의 말 외 1편

백덕순

나무를 지배하던 숲의 왕으로
늘 푸르고 청청할 줄 알았지
바람 앞에 촛불 같은 내 운명

발아래 엎드렸던 자작나무
떡갈나무, 물푸레나무들에게 밀려
숲속의 왕 자리를 내어 주고

푸른 심장이 없다고
팔, 다리 하나씩 잘려 나가는데
피눈물 한 방울 흘리지 않았겠는가

평생 숲의 왕으로
늘 푸르게 영원할 줄 알았던
왕 자리도 내어 주고
팔, 다리 하나씩 땔감으로 내어 주고

일생의 끝을 알고 싶은 소백산 소나무
저 꽃구름이 눈을 가려
하늘이 어찌 서러운 내 마음 알겠는가.

가을 여자

멀어져 가는 하늘아
마지막 단풍 태우는 가을아
제 몸만 태우는 노을아
나를 미치게 하는 가을 사랑아

늦가을 은밀한 오솔길에서
시린 목 데워 줄 누가 있으며
황홀한 낙엽의 거리에서
같이 걸어 줄 누가 있을까

푸른 날들은 어디로 가는가
이별을 준비하는 가을 나무는
색동옷 한 벌 벗어 놓고
빈 가지에 빨강 그리움만 쌓이는데

현기증 나는 가을아
만남과 이별 혼돈의 길목에서
마지막 단풍의 이별 노래는
연둣빛 꿈꾸고 있는지 몰라.

하늘을 날으고 싶은 날 외 1편

백 영 헌

가을비 지나더니
낙엽이 우수수

바람이 일고 비둘기 날으고
옷깃을 여미는데

두 눈이 시리도록 파란 하늘가에
새털구름 한 조각 걸려 있다

호숫가에 바람 따라 산들거리던
빨간 코스모스 한창이더니

코끝에 살랑이는
들국화 향에 토라져 고개 숙였네,

황금빛 햇살은 산과 들에 수채화 칠하고
서산에 기러기는 명화를 그린다

파란 하늘에 엄마 따라 삼만리
고향 가는 철새 따라
나도 하늘을 날으고 싶구나!

첫사랑

이름 석 자 부르기만 해도
가슴이 뛰던 시절
많은 토요일을 너무나 기다렸다

공중전화 부스에 울려오는
상큼한 목소리

열 시에 만나요
케 세라 세라 Que sera sera

눈길만 봐도 뜨거운 가슴이
콩닥거리던 그런 때가 있었다

너만 알고 나만 아는
꿈속의 거짓말 같은 추억

너도 그런가?

내 딸아 외 1편

백 호 을

네 말이 옳다
네가 잘못 사는 것은 내 탓이다
우선은 내가 바보 같은 처신을 한 것부터
종로3가에서 보고 들은 것 없이 산 사람

네 머리가 그리 현명치 못한 것
나는 후생의 책임을 마땅히 져야 한다

내가 운이 좋아 이만큼이라도 사니 다행이다
너에게 남은 여생을 봉사하며 살겠다
열심히 사는 것 그리고 행복한 것이 중요하다

네가 부르짖은 것은 마땅한 교육
이제 사실을 말하면 그때에는 그렇게 하는 것이 최선이었다
너는 그것을 잘못 이해하였다

네가 사는데 도움 되게 하겠다
그리고 나를 용서하거라
지금부터 너를 위해 뛰겠다
후손을 위해 뭐든지 맞게 하겠다.

시국을 바로 보자

시국이 어수선하다
어디선가 터질 것만 같은 느낌인데

좌파들은 북과 손 잡으려 하고 일본과는 결별을
그럴 듯한 말로 눈속임하면서

주적이 김일성의 족벌인데 은근히 옹호하는 것인가?

일본은
2차 대전에서 패전국이면서 원자폭탄도 맞았다
그러나 지금은 그 미국과 손잡고 일어서고 있다
영원한 친구도 없고 영원한 적도 없는 세상임을
우리에게 일깨운다

지금 일본을 적으로 삼는 자들은 무엇인가 숨기고 있다
우리는 과거를 탓하지 않는다
우선 방향을 바로 잡아야 하지 않겠나!
그리고 중국을 적으로 해서는 안 된다.

석류꽃 외 1편

변 보 연

시골 담길 넘어
홍안으로 바라본다

햇빛에 물들이고
계절을 이고 서서

벌어진 악어 이이듯
붉은 진주를 토해 낸다.

부지깽이 얼굴

하루도 몇 번 불 속에 드나드니
삭발머리로 달궈내 문드러진
선사의 이마 되었네

삭은 나뭇가지 불꽃에
꽁보리밥 지글지글 익어 가는 가마솥
끓어오른 거품에 허기진 배
채워 주려나

어머님의 밥상머리
풋나물에 쑥버무리로 연명하던 옛날이야기

고단하던 보릿고개 시절 추억이 떠오른다.

영산홍 외 1편

서│원│생

열 듯 다물 듯
애간장 태우다가
진이 다 빠질 때쯤
벚꽃이 즈려밟고 간 길
복습이라도 한듯
맥 빠져 뒤늦게 벙그는
초라한 봄의 행진곡

수줍게 아침 입술을 연다

혼자는 부끄러워
모여, 모여 시위를 하는
늦은 이브의 질투심을 보소.

바위

고고한 자세로
세월을 깔고 있는 돌
결 따라 박힌 맥을 짚는다

더께 낀 이끼마다
자연에 순응한 겸손이 서리고
단추처럼 채운 침묵 속에서
인내와 양보가 걸어 나온다

이마를 짚어 보면
체념한 듯, 차가운 듯 하나
생명의 체온계를 깊이 꽂으며
삶의 일기장을 채우면서
희로애락에 동요하지 않는다

열려 있는 국보급
천년 기억을 숨겨 놓은
화석의 박물관이다.

풍요와 그늘 외 1편
— LA에서

서 | 정 | 원

야자수 나무가 한편을 덮고
구름 한 점 없이 푸른 하늘 끝없이 펼쳐진
하늘 아래 수평선 너머 태평양 저 건너
내 살던 서울이 지금은 먼 곳에 있다
10월의 태양이 등줄기를 훅훅 달구는 한낮의 해변
한여름 복장을 한 이방인들이 몰려오고 돌아가곤 한다
선남선녀 사이로 공인지 사람인지
분간이 어려운 한 떼의 여인들 저 커다란 엉덩이가
한국 여인들 두 배는 될까 내 동공이 머문다
대지는 더위 먹어 헉헉거리고
한해가 가도 비가 거의 오지 않는 사막 같은 땅 위에
한낮 섭씨 35도 불볕이 달구면 잔디밭과
화단 숲 사이 숨어 있는 수도 파이프에서 목마른 생명수를
뿜어 올린다
푸른 잎새들 뻗어올라 꽃을 피우고
열매를 맺어 옥토를 이루고
모래벌판 대륙은 하늘의 보살핌으로 젖과 꿀이 흐르는
기름진 땅이 되었다
풍요와 축복이 가득한 땅
내 머릿속 입력된 불가능은 없다
그리고 노숙자의 눈물
울부짖던 목소리
"It's god's will"

월매와 쪽잠

쪽잠은 언제나 월매※를 불러들였다
웅크린 잠자리 파고들 적에
남산골 불어오는 밤꽃 그 수컷 비릿한 냄새
잠 못 드는 여자들이 있었다
이태백이 놀던 저 둥근달 속
절구질하는 옥토끼 한 쌍 그림자 비추고
6월의 여름날 쓸쓸이 환자복을 입은 아내
우두커니 쳐다보는 내 눈에
둥둥 떠다니는 술잔의 향기 얼큰해
옛적 춘향이 시절 생각나
척추로 몸을 다친 생의 동반자
그늘 드리워진 병실에서
실없이 웃고 있다.

※월매: 술 이름

아담의 페르소나 외 1편

석 | 희 | 구

원작의 아담 이브
에덴에서 벌거벗은 채로 거닐 때
조물주가 보시고 좋다고 극찬하셨습니다

선악과 따 먹은 아담 이브
나뭇잎 옷으로 분장하고
숲속에 숨어 수군거릴 때
조물주가 보시고 역겹다고 한탄하셨습니다

아담 이브의 후예들
온갖 페르소나* 덧입고
가면무도회로 희희낙락하니
위작僞作임을 슬퍼하며
홍수로 폐기 처분하셨습니다

오! 조물주여!
겟세마네 바위에 무릎 꿇고 엎푸러져
천륜의 진선미애眞善美愛 도를 닦고
선악과에 무관심한 무아의 영혼 되어
이브와 함께 원작의 알몸으로
에덴동산을 거닐고 싶습니다.

※페르소나: 문화의 가면을 쓴 인간. 탈 쓴 인간

진주 이야기

에메랄드 바닷속 모래밭에
어여쁜 조개 한 쌍
고상한 나들이 즐기려는데
모래알 하나
조개의 속살 파고들어
피눈물의 괴로운 나날들

핏발선 넋두리는 허공에 메아리니
괴로움을 하늘 뜻에 맡기고
진액 품어 고이고이 보듬었더니
영롱하게 빛나는 진주알 되었노라

영롱하게 빛나는 진주알
뭇 사람들 품에서 사랑받고
파란의 바다 사연 소곤거리며
눈부신 진주 이야기꽃 피우노라.

그것은 사랑입니다 외 1편

성 례

갈대잎이 회색 수염을 피울 때
가녀린 갈대는 얼마나
힘들어 울었을까

슬픔으로 오는 울림이
내 남은 시간들 속에서도
항상 그 님을 그리워하는 듯하다

내 님을 생각하는 시간들만큼은
그냥 쇼윈도어에 커피잔 기울이며
멍 때리며 누구를 그리워한다

나는 무엇을 기다리는 것일까
알 수 없는 길고 긴 한숨으로
나만의 세상에 울타리를 만들어 버린다
그 사람이 그리워서.

인생이란 무엇일까

인생이란 무엇일까
겸손해지기 위한 것일까
나 자신을 위한 수행일까

아니면 종 번식과
먹고살기 위한 몸부림일까
해답을 찾지 못한 채

오늘을 살고 있다
인생 머 별건가 하지만 어렵고
힘든 게 인생이요 삶인 것 같다

인생이란 가치와 능력을
깨달을 때면 나의 가치와
아름다운 향이 풍기겠지요.

부모님 무덤 앞에서 외 1편

성 분 숙

초여름 해 질 녘
몰려오는 어둠만큼
무논 개구리 울음 요란스럽다

들판도 따라 흐느끼는
불효 여식 통곡 소리에
개구리 울음들 일시에 잦아든다

애지중지 아홉 남매 막내 양념딸
부모님 반대를 뒤통수로 막아내며
겁도 없이 층층시하 종갓집으로 시집가던 날
하늘도 땅도 부모님 끌어안고
추적추적 종일 울었다.

폭풍주의보를 끌어안고
―항암 주사 투여 중

　공포스런 수액이 안개를 뚫고 혈관 속 구석구석을 따라 파도를 탄다 연체동물처럼 흐느적거리며 달아난 나를 찾으려다 방향키를 잃고 만다

　폭풍주의보를 끌어안은 채 폭포수를 뚫고 바람 속을 달린다 펄떡거리는 심장이 허공에서 펄럭인다

　폭우 속에서 보이지 않는 검은 길이 무섭게 요동친다 번쩍, 분산되었던 영혼이 천둥소리에 돌아온다 기적일까, 기적인 것일까 다시 정신줄을 당겨 잡고 바짝 희망을 일으켜 세운다.

나 하나 논 갈아 외 1편

성진명

나 하나 논 갈아
황무지가 옥토가 되겠냐마는
내가 밭 갈고 네가 논 갈다 보면
들판이 온통 문전옥답이 아니겠느냐

너 하나 벼 심어
창고가 차겠냐마는
네가 벼 심고 내가 보리 심으면
온 나라 창고에 곡식이 가득 차
배고픈 사람이 없지 않겠느냐

내가 힘들고 네가 피곤하다고
씨앗을 버리면
이 강토에 먹거리는 없게 되고
우리의 생명권도 남의 손에 넘어가지 않겠느냐

너는 서울로 나는 부산으로
떠나고 나면 사전에 농촌이 지워지고
우리가 돌아갈 곳조차 없어지지 않겠느냐
만고불변의 진리 농자는 천하지대본이니
벗님네들이여 논 갈고 밭 갈아 보세나.

ㄱ

낫 들면 보이는
아들 소리

농부가 낫을 들고
봄을 베면 초록이 물들고
여름을 베면 신록이 울고
가을을 베면 곡창이 배부르고
겨울을 베면 등짝이 따숩다

농부는 그렇게 세월을 가른다.

지호지간 指呼之間 외 1편

송낙현

철원 평화전망대에 올라 DMZ 건너편
북쪽의 산야를 바라본다

산과 들, 논과 밭 모두가 같은 땅인데
철조망 가로막혀 오도 가도 못하네

새들은 훨훨 잘도 날아다니고 파아란
하늘에 뭉게구름 뭉실뭉실 왔다 갔다
하는데 어쩌자고 우리 사람만 반세기
넘게 발길이 묶여 있는가

언제쯤 철조망 걷어 내고 저 넓은
들녘으로 양팔을 벌리고 한껏 달려
볼 수 있을까

남에서 북으로, 북에서 남으로
소리 높여 부르면 닿을 수
있는 지호지간인데….

초봄에

입춘 지난 초봄에
산길을 걸으면

언 땅에 눈 녹아
걸음마다 질퍽질퍽

그대 향한 그리움
질척질척 눈시울
적시듯이….

뜰 한가운데 선 소나무 외 1편

송│연│우

날마다 반복되는 인생
때론 지루하기도 하지만
소나무를 바라보며 힘을 얻는다

비가 잠시 멈춘 뜰 한가운데
내 나이만큼 살아온 소나무
빗방울 매달고 반짝거린다

흘러가는 시간에 내 허리가 꺾이고
걸음이 절뚝거려도
늙은 소나무는 갈수록 청렴하다

세월에 찢겨도 당당하게 일어서서
힘을 내라고 위로하는
소나무가 내게 있다

뜰의 중심에 서서
하루하루 훈시하는 말씀에
어느 틈에 하루가 간다.

스승님을 향해

생에 뜻을 심어 주신 스승님
수십 번의 쓴맛이 가슴을 파고들 때
따뜻한 봄을 안겨 주셨다

먼 길 떠나셔도
오늘도 흰 구름을 타고 나를 내려다보신다
해가 갈수록 평온하게 지내는 것은
스승님의 은혜 아닐까

아득히 높은 하늘에서
흙과 물 그리고 나무와 꽃과 뒹굴어 사는 삶
달래며 격려하시며 하늘에서 내려다보신다

"사는 게 힘들어도
놓치지 말고 시를 써야 한다"
은사님의 말씀 바람결을 타고 귓가에 돈다
변함없이 사랑해 주신 마음결
어찌 잊을 수 있을까

눈물이 고여도
오늘도 시와 함께 또 하루가 간다.

어머니 꽃 외 1편

송 창 희

꽃 가운데 꽃 하나 있다
세상에서 제일 예쁜 꽃 어머니

추운 겨울밤 신열로 헤맬 때
그 뜨겁던 이마 눈물로 식혀 주시고

삼십 촉 어둔 불빛 아래
해진 바지 자락 한숨으로 기우시며
홍얼홍얼 홍콩아가씨 부르시던 어머니

거북이 걸음 인공 관절도 늙어
절룩거리던 세월 하얗게 굽이돌아
볼륨 높은 드라마도 눈으로 들으신다

출근길 소매 잡고
"밥 잘 챙기묵고 조심해서 댕겨 오거래이"
합죽이 입으로 환히 웃으신다

나, 이제 다른 사랑 만나
또 다른 꽃을 피웠지만

가뭇한 기억 속 첫사랑

세상에서 제일 예쁜 꽃 어머니.

풋사랑

파도 같은 그리움이 밀려와
하얗게 부서졌다

길을 걷다 앉은 벤치에서
그날의 엷은 미소를 그려 보았다

어느새 울렁이는 눈동자
가슴 한쪽 시려 오는 통증에
눈을 감고 말았다

어디서 왔다 어디로 가는지
어린 날 나의 사랑은
한여름 밤 꿈결 같은 추억

별을 바라보던
어린 왕자의 아린 사랑은
시공간 너머의 풍경으로 일상을 넘나든다.

병실에 첫눈이 오던 날 외 1편

신 동 호

병실 창에 첫눈이 내리던 날
1,000회 가요무대에
송민도가 불러주던 노래
카추샤는 떠나간다
추억은 애달퍼라 나의 탱고여~
어제 온 중학생 환자는
간병하는 엄마의 어깨를 안고
등에 얼굴을 부비다 잠이 들었다

긴 시간 아래 조용히 내려앉은 적막이
영상의 자막처럼 찬 병동에 기대어
작은 바람으로 혼자 우는데

내겐 돌아오지 않는 멀어져 간 밀어들…
즐거웠던 시간들을 눈 속에 주워 모아
낙엽처럼 태운다

오늘 밤 꿈속에
눈꽃이 피어 흩날릴 때쯤이면
어린날 강 언덕에 검둥이 시절
바둑이처럼 경중경중 뛰어놀다
눈부신 아침을 맞으면 좋겠다.

그해 겨울

겨울이 되면 썰매를 탄다
앞개울 물이 얼어 돌다리도 얼음에 묻히고
개울 끝까지 신나게 달릴 수 있어 좋다

학교 파하고 집에 오는 길
옆동네 아저씨들이 논두렁에 불을 놓는 날이면
야! 신난다!
쑥대랑 긴 갈대를 꺾어 불놀이를 한다
솜바지를 태우고 집에 와
엄마한테 회초리를 맞고 징징 울기도 했으니…

섣달 동지가 되면 어머니가 팥죽을 끓이신다
해팥을 맷돌에 갈아 가마솥에 정성 들여
끓여 주시던 구수한 동지 팥죽!
쫀득쫀득 말랑말랑 하이얀 새알심이…

그 고소한 맛을 지금도
잊지 못한다.

미나리 생명 외 1편

신|선|진

진흙탕에서도 때가 묻지 않고
파랗고 싱싱하게 자라는 심지 굳은 채소

더러운 물을 맑게 정화시키니
속세에 물들지 않으려는 선비의 표상

햇볕이 들지 않는 응달에서도 잘 자라는 미나리
양지를 인정하는 것은 인지상정이지만

모두가 양지에서 살 수는 없으니
음지의 악조건을 견디며 자라나는
미나리야말로 본받을 만하다

가뭄에도 푸르름을 잃지 않고 이겨내는 강인함
날이 가물어 산과 들의 초목과 논밭에 곡식이
누렇게 시들어도 미나리만큼은
신선한 푸름을 잃지 않으니

그 생명력이야말로 희망과 신뢰의 상징

사대부 집안에선 자녀가 열심히 공부해
훌륭한 인재로 성장해 주기를 바라면서
집집마다 작은 연못에 미나리를 키웠다.

낙엽

내 인생의
줄거리를 더듬은
편지를 보낸다

수신 거부 당한들 어떠랴

낮은 바람에도
발끝을 세우고

거침없이
달려가는 낙엽을 보며
내 인생길을 돌아다본다.

허상 외 1편

신윤호

구름이 밀려왔다
밀려가고
때로는 바람도
불어오기도 합니다

조용한 아침의
호수에도
비바람 치는 물결이 있듯이
이생에서 저생을

왔다 갔다 하는 영혼들
마침내 꿈같은
세월에 묻혀
떠내려가는 생

대답 없는 이생에
이슬을 머금고
살아가는 인생
거짓과 비평 모략 속에

긴 한숨
내뿜는 이생에 더러는
사랑스러운 일도 있더이다.

현명한 사람

가장 현명한 사람은
늘 배우려고 노력한다
가장 훌륭한 사람은
이름이 빛나는 사람이며

가장 겸손한 사람은
마음이 착한 사람이고
가장 넉넉한 사람은
삶에 불만이 없고

가장 건강한 사람은
늘 웃는 사람이며
삶에 의욕이 넘치는 사람은
세상을 밝게 보는 사람이다.

무궁화 꽃 외 1편

신익교

스승은 먹을 갈아
한 획을 이어라
저 푸른 황금 바다
오이라 어서어서
그물망
활짝 펼쳐라
새 세상 문 열렸다.

영원한 내 조국

천축산 산영조차 영취산 풀어놓고
태백 푸른 정기 학문 길 튼실 열매
어버이 퇴조문 필력 튼실 살구 대롱대롱.

파도 외 1편

신혜경

파도는 모래 위에 자신의 영역을 만들면서
흔적을 지워 가며 걷고 있다
한쪽 발로 만든 작은 하트 모양의 깊이에도
잠시 머무르다가 가곤 한다
사랑과 그리움은 함께 밀려오는 것인가
신발의 양끝을 스치면서 다시 밀려간다
20대에 함께 모래에 누워서 하늘을 보았던
양털 이불처럼 따사로웠던 하얀 뭉게구름도 그대로이다
그때의 꿈만큼 많았던 밤하늘의 별도 그대로이다
걸음걸이가 늦어서 항상 뒤따라가야 했다
그 사랑을 따라가지 못한 채 홀로 파도를 본다
그대로인 파도가 야속하다 세월이 야속하다
흔적을 쓸면서 지워 가는 것이 야속하다
수십 년 젖은 가슴 오늘도 쓸고 왔다가 사라진다
이렇게 사랑이 오는 날엔 밤잠을 설친다
파도같이 밀려와서 손에도 가슴에도
푸른 바다가 밤새 머물렀다 사라진다.

해국

하이얀 퇴적암에

머리를 풀고
끝끝마다 한 송이 꽃을 피웠다
해원을 향한 손짓
함빡 웃음 웃으며
물구나무서기 하는 모습

해국의 본질은
태양도 바다도 아닌
땅의 속성을 지녔는지
땅을 향해 바위를 타고 잎을 키운다

바닷가의 한적한 순박함이
예쁜 꽃무더기를 이루며
정다운 대화를 나눈다.

헛된 하루 외 1편

심 종 은

하고픈 말 많지는 않아도
생각난다며 함부로 떠벌려서는
결코 안 되는 일

돌이켜 보면
무심결 내뱉은 사소한 말씨 하나로
가슴은 벌집이 돼 버렸네

눈에 보이지는 않건만
홧김에 지껄이고 만
그 말 한마디에
속가슴을 무지 쓰리게 만들었네

주워 담을 수 없는
언어의 폭력 앞에선
바람 든 무의 때깔 없는 모습이 되어
오늘도 헛되이 흘러간 하루.

막차 비행

지탱할 여력 모아
가지 끝에 건들대는 나뭇잎
돋움질하며 바장거리던 시절이 있었지

세찬 비바람 차곡차곡 견디며
용케 헤쳐 나가더니
이젠 떠날 때가 된 걸까

한 줌 불어오는 살랑바람에
퇴색한 몸 이끌고
마지막 선보이는 막차 비행

낙엽 더미 누이며
소슬한 인연 무심히 되돌아보는
낙향落向의 자취.

가을이 떠나기 전에 외 1편

안 병 민

가을이 깊어 갈수록
심장 깊숙이
사랑이 남겨진다

불타는 가을이
다가기 전에
사랑한다고 하고 싶었다

왜 나는
가까이 있을 때
사랑한다는 말
전하지 못했던가

저 불타는
단풍잎과 함께
내 가슴에 불 질러 놓고
그대는 홀연히 떠나려 한다

아!
가을이 떠나기 전에
사랑하고 싶다.

쌀 사랑

지리산 칠선계곡 발원해
쉼없이 흐르는 임천강
맑은 물빛에 별빛에 자란
청정 나락의 황금물결이다

거북등 같은 손으로
피 뽑고 논 풀을 뽑으며
자식같이 키운 당신들이시다

나락을 도정하여 내리어
고소한 쌀향 하얀 쌀 사랑은
천리 길을 택배에 실려 간다

아낌없이 보내시던
부모님의 사랑을 그리며
지난날 행복했던 생각에
눈시울이 앞을 가립니다.

내가 아닌 나 외 1편

안 숙 자

동경하여 바라만 보던 별이
시간 따라 결빙해 가는 창가
스스로 의도하지 않은
운명을 정하는 자 누구의 이름인가

내 안의 소리 모른 채
내 밖에 살고 있는 그림자
그가 이끄는 길목마다
염원이 뚫을 수 없는 벽

마음의 뒤쪽엔 비가 내리고
그 앞에서 웃는 얼굴
거기에 단단한 슬픔이 자라
이제는 한갓진 음지

세상 밖 모든 것
겨울 잠 속으로 내려앉고
더 탱탱하게 불어난 빈 몸속엔
아직도 살아 꿈틀거린다
또한 생애.

안개를 품다

상념이 줄줄이 밀려오는 밤
앞서던 길이 서서히 지워지고
가로등 불빛이 아직도 안개를 삼킬 때
걷던 길은 흥건히 땀이 맺힌다

은밀히 살을 맞대던 가로수가
낯설게 허허한 표정을 짓고
가야 할 길을 잃고
다른 길로 가고 있는데
내가 있어야 할 집에는
다른 무엇이 마음 놓고 살고 있다

얼마를 지났을까
바라보니
고요에 칭칭 감긴
무게 없는 안개에 짓눌린 채
난 아직도 그 안개를 품고 있구나.

뒷눈 구합니다 외 1편

양순승

뒤가 켕길 때가 많더라고요
앞이라면 아웅이라도 해볼 테지만
두 눈 부릅뜨고 찍소리도 낼 수 없는 뒤라는 아킬레스건
시각적 채널이 좁고 단순한 나의 최대 약점이자
뒤통수치는 저의를 감지하지 못하는 난제로 난감을 겪어요
프레임을 벗어난 밤길 같은 뒤가 무서운 이유지요

시야의 날개를 다 펼쳐도 반경은 180도가 될지 말지니
뒷덜미에 잡혀 앞일을 그르칠 때가 많아요

페달부터 냅다 밟고 보는 다혈질의 성향도 한몫하지요
절반쯤 가서야 가야 할 길로 바르게 가고 있는지
뒷사람은 잘 따라오고 있는지 생각하는 편이다 보니
뒤통수가 따가워 긁적거리는 버릇이 있어요

가속도까지 붙은 상황에서 뒤를 돌아보다가
앞의 엉덩이를 치받는 실례를 범하거나
낭떠러지로 굴러 떨어지는 낭패를 만난다면 더 큰 낭패
급브레이크를 밟았다가 추돌사고가 나 뒷가림은 물론
앞가림까지 겹쳐 난관에 봉착한 적이 있지요

그래서 말인데요
감 좋은 뒷눈 구합니다.

복사꽃 울 엄니

　열일곱 복사꽃 터지던 날 유례※서 가마 타고 시집온 울 엄니 하이칼라 한량기로 한 재산 다 말아먹은 오라비가 부지런하다 소문난 신랑감 찾아 인심 쓰듯 보낸 시집 오죽잖은 초가삼간 가마도 못 들어가 버선발로 걸었다네 한양 조씨 양반 체면 하인 딸려 보낸들 무슨 소용이겠는가 어찌어찌 신방 치르고 모로 누워 단꿈 꾸는 부지런이 전 재산이라는 얼굴도 못 본 신랑 성냥불 그어 비춰 보니 까까머리 웬 말인가 어린 신랑 정 안 가고 지엄하신 시엄니 무서워 보름 만에 옷 보퉁이 싸안고 도망치다 그것도 팔자라고 고갯마루 하나 못 넘고 시가붙이에 잡혀 감옥살 듯 살다 보니 주렁주렁 자식이 여섯이네 빈 젖 줄줄이 물리니 몸살에 고름 보퉁이보다 크게 들어차 야매 의원 찾아 눈물까지 한 양푼 쏟아내며 병술년 돌림병으로 저승 간 오라비 원망한들 무엇 허나 앵돌아진 신랑 왜정 때 일본으로 징용 갔다 구사일생 살아오니 더없이 애틋하고 꼬물꼬물 자식들 호사 한 번 못 시켰어도 반듯하게 구실하니 기특하고 대견타네 이렁저렁 구부 능선 넘어가기 어지간히 고단했나 잠시 한숨 쉰다더니 자리 누워 삼 년이네 복사꽃 덜퍽지게 고갯마루 물들이면 갑사 고름 나풀대며 유례 가자 보채더니 춘삼월 자지러진 한낮 헛잠에 열일곱 꿈길인지 배시시 말간 배냇웃음 고달픈 아흔여섯 유례댁 울 엄니

　─엄니, 거긴 복사꽃잎 푸지게 날리남유?

※충청남도 청양군에 있는 마을

웃다 외 1편

양│지│숙

도심 건물의 봄은 음습하다
요가 매트가 깔린 방에도
퍼져
차가움이 벽에 붙다
무릎 관절이
똑 똑 대답한다
창밖을 보니
달이 머리를 기우뚱하고
슬쩍 입을 비튼다
바흐의 브란덴부르크 협주곡이
흐르는 밤에
달이 웃는다
점점 웃음 커진다
함께 웃어 볼까?
관절이 풀릴 때마다
몸의 한 쪽을 잃어 가는
달과 웃다.

송아지와 숨바꼭질

하얀 집에 기대앉아 있다
따스한 바람이 이른 저녁을
조용조용 깨워 낸다
어제보다 차오른 달이
다정하게 눈짓한다
소년의 눈망울에서
달빛이 흩어진다
하얀 집에서는 기척이 없다
숨바꼭질이 끝나지 않는다
송아지는 왜 울지 않을까
건너편 마무리 햇살이 부서진다
햇살을 밟고 노는
송아지 등이 뽀얗다
하얀 집은 기척이 없다
저녁이 더 여물 때까지
숨바꼭질이 끝나지 않는다
송아지는 왜 울지 않을까.

미세 먼지 외 1편

여동구

1.
봄다운 봄이 없다, 갈수록 봄이 없다
차라리 먼지라면 숨이라도 쉬련마는
가슴에 스며들어서 숨마저 끊는구나.

2.
우리는 보고 싶다. 신이 준 맑은 하늘
얼마나 말을 해야 인간들은 실천할까…
제발 좀 살게 해다오, 객혈 쏟는 진달래.

꿀벌들이 사라진다

1.
귀여운 꿀벌들이 무더기로 사라진다
꿀벌들이 사라지면 인간들은 온전할까…
한 번만 날게 해다오, 날개 접어 빌고 있다.

2.
황사가 길을 막아 갈 곳 잃은 꿀벌 한 마리
그래도 겨우겨우 예쁜 꽃 찾아 앉았는데
이제는 드론들이 살충제를 뿌려 댄다.

3.
지구를 살리자고 목소리를 높여서
이번만 믿어 보자고 꿀벌들은 날아가는데
발전소 굴뚝 위에서 무더기로 떨어진다.

나팔꽃 외 1편

오 낙 율

나팔꽃!

6·25 전쟁터에서 돌아오지 않는
외동아들을 기다리시느라
뻐끔뻐끔
화롯불에 담뱃불 댕기시던
우리 큰할머니 가슴에 피고 지던
꽃 이름이다

마른 풀섶이라도 휘감고 올라
높은 곳으로
조금 더 높은 곳으로

감당 못할 그리움에
속속들이 자줏빛 피멍이 들어
무서리에 냉찜질하듯 나팔꽃 피우신

이팔청춘에 새싹이 돋아
구순이 넘도록
우리 큰할머니 가슴에서
해마다 피고 지던
그 꽃 이름이다.

꽃무릇

사는 게 바빠
그 숙명 잊으셨을까?
봄, 여름 다 지나고
이제사 내 앞에 제 몸 달구는
사랑의 절름발이 꽃

님의 미소는 너무 붉어서
뜬 눈 도로 감고
하염없이 그 모습 바라보았네

생의 뒤안길만 서성이면서
작열하는 태양을 온몸으로 받아낸,
아! 명자꽃보다도 더 붉은 꽃빛에
차라리 내가 서러운
대지의 가녀린 열꽃,

그립고 그리운 임의 무덤에
오매불망
꽃무릇 피는 날만 기다렸다가
꽃잎에 입 맞추고
포로록 날아가며 우는
찌르레기
피 울음 울린 꽃.

나를 정말로 사랑하면 외 1편

오병욱

진실로 나를 사랑하는 길을
알 수 있다면, 갈 수만 있다면
들판에 자라는 잡초 같은 나
나만의 귀하고 존귀한 가치는
사막에 피는, 만년설 속에 피는
참 아름답고 진귀한 꽃이 될 것이다

길에는 따뜻한 햇살이 가득하고
알맞은 기온, 흡족한 양분으로
진실한 인간으로 뚜벅뚜벅 가며
행복이 만발한 꽃을 피울 것이다

세상에 서리가 내린다 해도
삶의 즐거움과 쏠쏠한 재미가
싱싱한 보람으로, 빛나는 의미로,
끝없는 향기로 가득할 것이니

나의 진실한 사랑은
나도, 가족도, 친구도, 이웃도
참다운 인간의 꽃을 함께 피우는
행복을 만드는 요술 방망이로다.

함박눈의 축복

겨울 골짝은 암울하고
들판의 표정은 침통하다
산등성은 앙상한 가지가
살벌하게 점령하고 있다

하늘에서
새 세상을 위하여 내려온다
송이송이 함박눈 송이!

하얀 옷을 곱게 차려입고
햇빛에 반짝반짝 손을 흔들며
소리 없는 바람 장단에 맞추어
너풀너풀 신나게 춤을 추며 내려온다

풀죽은 나무 위에도 길 위에도
기죽은 쓰레기 위에도 지붕 위에도
시뿌연 들판에도 처량한 산 위에도
외로운 내 마음에도 쓸쓸한 호수에도
내리고 내려 쌓여 새하얀 천국을 만드니
이 아니 온 세상 축복 아닌가.

세월 외 1편

오 정 실

토해 버릴 수만 있다면
몽땅 토해 버리고 싶다

먹어 버릴 수만 있다면
몽땅 삼켜 버리고 싶다

토해 버릴 수도
삼켜 버릴 수도
없는 세월

가는 세월
멈추게 할 수도 없고
오는 세월
되돌릴 수도 없는

흘러가는 세월
누가 막을 수 있으랴

하루하루 지내다가
도착하기까지
86년 세월.

바로 당신

없을 때 보고 싶은 건
그리움인가요
찾아가서 보면 되지요

만나고 싶을 때
만날 수 없는 것 추억인가요
쫓아가 만나면 되지요

말하고 싶을 때
말할 수 없는 것은 무엇인가요
냉가슴 앓이 하지 말고 말하면 되지요

보고 싶고
만나고 싶고
말하고 싶은 사람

바로 당신입니다.

들국화 외 1편

오 희 창

길섶을
진하게 아주 진하게 덮은
순정의 향기여

갈 길 바쁜
늦가을을 품어 안은
단심의 축제여!

아!
그대가 있어 기우는
한 해가 외롭지 않구나.

그리운 참새야

아, 논두렁에 앉아
후여후여 휘이휘이
벼논에 떼 지어 몰려오는
참새 쫓기
목이 쉬었고

담장 위에 몰려 앉아
지저귀는 새소리에
아침잠 깨어
밥 먹고 가방 메고
학교 갔지

참새 길목에 그물 치고
초가집 처마 새집에
손전등 쏘아 잡은 참새
장작불에 구운 맛
지금도 침이 흘러

그리운 참새들아
어데 있나
고향에도 내가 사는 대처에도
보이지 않는구나
보고 싶다 참새들아.

행복마트 외 1편

우 도 환

오가는 이웃들과
행복을 나누자고

따뜻한 마음으로
저 가게를 열었겠지

주인은 어디 갔을까
세놓는다
써 놓고.

봉창封窓

쪽진 머리 어머니는 반짇고리를 열고
아이가 곁에 앉아 바늘귀를 꿰니다
두어 뼘 햇살이어도
오두막이 환합니다

새 옷이 아니라고 투정부리는 아이와
한 땀 한 땀 기워 가며 달래는 어머니가
끝내는 서로를 보며
환하게 웃습니다.

계묘대각 외 1편

우 태 훈

어찌 봐야만 알겠냐만
들어서도 알 수 있는데
듣고도 알지를 못하는
도라이몽도 있네

생각 속에 있던 천지
두 눈으로 보니 상상 아닌
현실로 다가오네

수천년 세상을 군림해온
위대한 사상들이 대각자
앞에서 스스로 옷을 벗네

산고의 고통은 큰 파도를
일으키지만
새 생명은 언제나
고통 속에서 오는 것을

늦은 듯 늦지 않은
새벽 계묘대각이여
세상은 고요히 떠오르는
태양빛을 고대하노라.

가을의 소망

한여름 뜨거웠던 한낮 태양빛에도
시퍼런 잎새를 자랑하던 단풍잎
가을을 상징하는 모습은 성스럽기까지 하다

단 한 번의 인생 칠순 성상의 새하얀 머릿결이
도사인 양 근엄함마저 감돈다

가을 단풍잎 붉게 얼굴 붉히고
아직 못다 이룬 꿈이 있는 것인지
듬성듬성 새까만 점들이 검버섯처럼 피어난다

단 한 번의 멋진 비행을 위해서
뜨거운 여름을 격정적으로 인내하고
여기까지 왔는데 언제가 될지는
신만이 아는 사실이다

그것은 마치 노년의 중견 시인이
희미한 눈을 깜빡이면서 단 한 번의
멋진 선시禪詩 열여섯 자를 써 놓고
연꽃을 보듯이 사유思惟하고 있다.

산울림 외 1편

원 수 연

어느 날 속절없이 훌쩍 떠난 분이시여
서러움 눈물 열고 꽃빛 웃음 담으시고
새처럼
울음을 털고
훨훨 날듯 오서 봐요

연이어 불러대도 산울림만 보내시고
타다 꺼진 혼불이듯 흐느끼며 계신가요
어둠 깐
절망을 걷고
별을 뿌려 놓을게요.

산 넘어 또 다른 세상 거기가 어딘가요
애달픔이 모여 사는 이름 모를 나란가요
쌓인 한
피맺힌 대답
산도 목이 타나요.

노을을 입었네

두고 온 그리움이
미움은 모두 벗고

사랑으로 다가가며
서러움과 울고 있어

새들은
멀어진 하늘
지난날을 흐느끼네.

넋을 다해 잊을래도
되살아나는 추억

모질게 돌아서도
두 발 벗고 오는 후회

산마다
노을을 입었네
혼불처럼 타고 있네.

몽천암 샘물을 마시며 외 1편

유 경 환

몽천암 샘물 맛이 어떠시오
샘물은 만물의 근원이오
만물의 어머니로다
거울 같은 호숫물은 열반에 이르는 길이로다
샘물은 태초의 요소로다
샘물은 하늘의 세계와 땅의 세계를
탄생시키는도다
만물이 모두 샘물에서 생겨나도다
만물의 생명은 물이로다
생명의 근원이 물에서 나오도다
생명의 시작과 끝이 물로 말미암아 이뤄지도다
물은 생명과 죽음을 낳는 촉매의 일을 하고
창조와 해체의 일을 하도다
만물의 운동이 물로 말미암아 일어나고
대기와 땅의 작용이 물로 말미암아 일어나도다
생명물 샘물은 내 마음을 씻어내고
내 영혼을 씻어내고 내 죄를 씻어내고
나를 새롭게 해주고 거듭나게 하도다
생명물 샘물이
내 영혼의 양식이요 진리로다
생명물 샘물은 영원한 사랑이오
생명물 샘물은 하나님의 생명이로다.

금란굴의 불로초

삼신산 불로초 구하려던
진시황도 죽었는가
한무제도 이슬 받아먹고
영생하려던 승로반은 어데 있는가
진시황의 명령 받고 동남동녀 3천 명을
이끌고 삼신산을 찾은 서불은 어데 간고
심청이도 환생하여 연꽃 속에 머물면서
이슬 받아먹고 살았다는데
삼신산 불로불사약 어데 가야 구할런고
금란굴 천정 바위에 서너 포기
방울꽃이 불로초인가 우서웁다.
참말로 불로불사약을 구할진대
화우로火雨露 삼풍三豊 해인海印
불로불사약을
동반도에 상제 강림하여
이슬성신 생명물을
지천으로 창조하여
주시는 것을 타임이 안 맞아
진시황도 구하지 못했구려
안타까운 일이로고
눈이 있고 귀가 있는 자는
찾아볼지어다.

망월산望月山 외 1편

유 인 종

밤하늘이 음악을 멈추라 한다
그럼에도 불구하고
고향 망월산은 새벽을 노래하라

세상은 소프라노를 향해 박수를 치며
순결을 벗은 여인이 막춤을 추자 하고
종이배가 바람을 거슬러 가고
모두 숨이 차게 질주한다

그럼에도 망월산 기슭에
베이스는 낮은음자리에 앉고
가마를 탄 신부는 꽃처럼 고우며
물은 여전히 거꾸로 흐르지 않고
누군가 정좌하여 명상한다

가슴이 설운 이여 에덴으로 돌아가자
아직 그 언덕엔 꽃이 피어 있고
그 강에 양심의 배가 떠 있다
그 동산에 올라 노래하고
그 움막에서 시처럼 살자.

겨울나무

긴 계절의 강을 건너
머언 먼 길 달려와

마지막 잎새 떨구고
맨 몸으로 우는 나무

설한풍 언덕 위에
벌거벗은 여인

삼베 적삼 벗고
남은 옷고름 풀 때

깊은 샘 용솟아
소리 지르는 침묵

향방 없이 부는 바람에
구름은 흩어지고

노을 진 하늘에
흔들리는 별빛

마른 가지에 새긴
나의 나무 십자가.

오십이야 외 1편

윤명학

찬서리 내리는 가을밤
강가에 홀로 앉아
맑은 강물 위에
하늘이 내려앉고

구름과 달
바람과 함께 온몸을 흔들며 춤춘다
철 이른 기러기도 덩달아 춤춘다

지난 세월 속 생채기 난 것들
저울 위에 올려놓고
달빛으로 눈금 살피니

아홉 근 아홉 량이랴

오므라진 어매 가슴
속 깊이 저며 드는데
늦게 철든
반백의 아들
느낌표 하나 찍는다.

사과꽃

잎새 사이사이 숨어서
살포시 내미는 당신은
솔 향기 꿩 울음소리에
흰 웃음으로 화답하는 모습인 듯

엄동설한 긴 시간은
열매 하나 얻기까지
눈물겨운 아픔임을

지난여름 새파랗게
입 다물며 땡비 같은 햇빛과
낙뢰와 눈물겨운 땀방울은
붉은 사과 하나 얻기 위한
마지막 몸부림인 것을

칼등에 부딪쳐
한 방울의 과즙이
입안 향기 가득할 때
내 고향 청송 아름다운 사랑도
함께 익어 감을 느낀다.

무궁화동산 외 1편

윤 초 화

금수강산 둘러업고
오곡백화 만발해도
너 없이는 눈물인 걸
꽁보리밥에 된장 간장
너 있으면 행복인 걸

둥그레 당실 둥그레 당실
둥그레 덩실 둥그레 덩실
내 가슴에 피워 올린
어얼싸 무궁화동산

팔도강산 우렁차고
철새 들새 노래해도
너 없이는 슬픔인 걸
콩나물국밥 소박한 밥상
너 있으면 행복인 걸

둥그레 당실 둥그레 당실
둥그레 덩실 둥그레 덩실
내 가슴에 아로새긴
어얼싸 무궁화동산.

아랑 보리밭

보리밭 움직일 땐
봄바람 부는 거다
흔들리는 이파리와 눈 마주치면
보리는 미소 짓는 거다

훗날
아득하고
아련한 그리움이
일렁이는 물빛 순정으로
우수수 밀려오리라고 귓속말 전하는 거다

아라리
아랑 사라랑
아라리
아랑 사라랑

이랑마다 들려오는
봄노래.

대나무 숲길 외 1편

윤 하 연

욕심도 근심도 내려놓고
빈 강정으로 서 보라
돌아오는 시간들이
층층으로 쌓여서 뿌리를 지탱한다

내 탓 네 탓 하지 않고
허공으로 뻗는 외길
비우고 나면 바람인 걸

햇살이 노닐다 간 자리
부대꼈던 시간들도
청청한 운율이 되어
시가 되고 노래가 되는 것을

삶이 슬프다고 탓하지 말자
속진俗塵을 털어내면
생의 진양조가
댓잎 위에 얹혀서 방울방울 맺혀 있다.

무등산

계절에 따라 옷 한 벌씩 갈아입으면
충장로도 금남로도
투정 없이 그 계절을 넘는다

잠자듯 깨어 있는 무등의 정기精氣
광주 사람들의
아픔과 슬픔 절망까지도
서석능선 치마폭에 꼬옥 감싸서
뜨거운 국밥 같은 정 고루 나누어
시린 가슴 데워 주는 어머니

그 무릎에 누워 보면
살랑거리며 다가오는
이름 모를 풀꽃들 심장 뛰는 소리로
부질없는 욕망은
목화송이로 피어서
함께 산이 되는 날
나는 무등을 안고
아래로 아래로 흐른다.

나는 누구인가 · 225 외 1편
— 도동서원

윤 한 걸

정자각에서 내려다본
다람재 한훤당 김굉필 선생의
학문을 추모하는 도동서원 앞
한강 정구 선생님의 은행나무

사백년생 기둥에서 자라는 와송
오래된 기와에서나 자란다는
상처투성이로 지팡이 짚고 남아 있는
찾는 이들의 가슴을 울리고

하늘은 뜨겁고 땅은 하늘 식히는 바람
수월루 서원의 정문 격인 외삼문과
여유 공간 누각인 이곳에 올라서면
동쪽으로 흘러오는 낙동강 주변 일대의

평야가 한눈에 들어온다
환주문喚主門 고이 빠진 구멍으로
들여다본 강당 친구 두 내외와
기념사진을 찍는 나는 누구인가.

나는 누구인가·230
―끼리끼리 논다

끼리끼리 문화가 판을 친다

의사는 의사끼리
판사는 판사끼리
검사는 검사끼리
변호사는 변호사끼리

수의사는 수의사끼리
가진 자는 가진 자끼리
빈자는 빈자끼리
글쟁이는 글쟁이끼리

옷 만드는 자는 옷 만드는 자끼리
내가 보는 세상은 서로 도우며 살아야!
참으로 웃기는 세상이다
무거운 짐 진 자 허리 휘고 다리 아파

이 인생은 끼리끼리 모여
끼리끼리 문화가 판을 치고 있는
이 세상을 사는
나는 누구인가.

나목을 보며 외 1편

이 근 모

향기 많은 봄꽃을 담뿍 피워 주고
녹색 잎을 구름처럼 올려
단맛 열매 흐드러지게 매달아 주고는
이제는 훌훌 벗어던져
겨울 나목으로 우뚝 서 있구나

곱셈으로 배가시켜 준 꽃눈을
온몸에 덕지덕지 달아놓고
서리 얼음 칼바람 사각지대에서
또 하나의 새봄맞이를 위해
적나라하게 보여 주고 있구나

동토의 빈자리에서
함박눈 기립 박수를 받아가며
미래지향적인 베풂밖에 몰라
온 인류에게
가장 큰 희망을 주는 나목.

초겨울

철새들이 날아갔네
잎새들이 떨어졌네
잎 하나 없이 날갯짓 하나 없이
텅 빈 공중에는 추운 기운만

죽고 떠나가고 숨어 버린 곳마다
서릿발 실가지가 윙윙 울고
가는 곳마다 망연자실에
하늘만 덩그러니
빈 땅만 덩그러니

아침 이슬이 서릿발 되고
물방울이 살얼음 되어
발걸음마다 위태로울 때
마지막 향기 뿜어주던 들국화가
귓볼이 시린 쓸쓸한 언덕에서
나와 함께 시들어 가고 있네.

어느 노인의 고독 외 1편

이 기 종

꽃잎에 앉은 나비 같은 꿈을 꾸며
앞만 보고 걸어왔는데
나그네 같은 외로움 때문에
밤하늘의 별을 헤며
고독의 눈물를 삼켰네

화려한 젊은 날의 꿈이 있었기에
비바람에 견디었고
무지개 같은 미래를 생각하며
고통의 늪도 세월의 아픔도
참고 삭이며 헤쳐 나왔다

세월은 흘러 하얀 서리를 쓴 채
뒤처지는 고독한 그는
저며 오는 가슴을 어루며
지팡이에 몸을 의지해 본다.

봄 산에 눈이 내리니

봄 산에 눈이 내리니
나뭇가지에 앉는 저 눈 밑으로
파란 새싹의 미소가
이름 모를 작은 새를 놀라게 하네

동장군을 밀어내는
봄을 시샘하는 하얀 눈은
녹아 생명수가 되고
움직이지 못하는 봄 산은 침묵한 채
외로운 나와 함께 있다

하얀 눈은 그리움
그 눈을 밟으며 가는 나
잃어버린 나를 찾으려고
봄 산에 쌓이는 눈 속을 걸어 본다.

달력을 걸면서 외 1편

이 대 전

달력을 걸려고 못을 박는다
망치는 튀고 녹슨 못은 헛발질을 한다
벽이 비명을 지른다
원초적 욕망과 본능적 방어 욕구가 팽팽히
맞서는 사이 눈치만 살피는 못, 다시는
실패하지 않으려는 듯 자세를 바로 세운다

선악의 경계가 흔들린다
옳고 그름의 두 길, 그 사이에서 망설인다
한평생 아물지 않을 상처를 안고
살아야만 할 생각에 잠겨 있는 벽,
못이 세운 결기結氣에
연민이 다독인다

아내는 작은 플라스틱 걸고리, 벽에
살짝 붙이고 달력을 건다

민망해진 나,
눈 감을 수밖에.

안경

초점이 흐려졌다
거리를 조절해도 착지점을 찾지 못한다
생애의 한 지점, 처절한 배반이다

기대는 핑계일 뿐이라고,
시야에 가득 찼다가도
소리 없이 빠져나가는 환각성의 문자들
구겨진 여백에
홀로 앉은 흘림체다

유난히 또렷한 마음이
마가목 가을 열매처럼 붉다
아쉬움은 여전하지만
언제 어디쯤에서 마주하게 될
해후邂逅는 결이 다른
모습으로 다가오겠지

이제 나를 찾는데도 돋보기가 필요한 시간

초점은
불안한 기다림에 맞춰져 있다.

바닷가 하얀 주목朱木 외 1편

이 돈 배

짙은 안개가 어두운 밤을 거두는 시간
사라진 지문은 결 없는 살갗으로
메마른 가지에 이별의 빛이 서린다
바다를 바라보는 헐벗은 저 미라
스러지지 않은 부리로 숨결은 멈춰 있다
울창한 이파리 한 잎 한 잎을 떨궈
철썩철썩 파도 소리에 화석이 되어
파릇하게 굳어진 바닷가 모래알

별빛은 하얗게 굳은 사목死木을 찾아와
틈새 바위에 남은 생명을
지는 별 따라 하늘로 띄워 보낸다

오늘이 저물어 떠나면
내일은 밝아 찾아오는가
가끔은 나비가 날고, 제비가 머물다 가는
모두가 긴 평온에 잠드는 시간
세상 의문을 잠재우는 깊은 침묵으로
남겨진 삶을 응시하는
바다를 바라보고 서 있는 하얀 주목.

중도 가는 길

 오늘 이렇게 중도를 찾아가는 것은 다 새로운 이야기를 만나기 위해서이다 어망을 지닌 채 찾아 나선 갯벌은 언뜻 말라가는 듯하다 갯고동이 주물럭대는 팔다리들이 썰물이 다니는 길을 가르쳐 준다 이것은 모든 것이 슬기롭고 조용한 오후의 일이다

 이곳 갯길로 드나드는 수문은 누구에게나 열려 있다 바닷물이 들면 여기 갯벌에 휴식이 든다 물이 들어오지 않아도 짱뚱어는 즐겁게 뛴다 갈빛 게가 파헤치는 굴삭기 붉은 발도 진흙을 도와 휴식을 한다 세발낙지가 빨려드는 집 대문은 계단이 없다 대수롭지 않게 열려 있는 갯벌 문을 닫아 거는 것은 오직 바닷물이다

   해안을 굽이치는 일주로가 바라보이는 중도 가는 길
   수평선에 해가 뜨고 지는 것은 가능성을 열어 주는 것
   민어는 찬란한 물결과 함께 놀고
   해안가 일몰은 그렇게 그물에 걸려 팔딱거린다
   갯벌에만 태어나는 생기가 거기 아름답게 펼쳐난다
   작은 배는 멀리 떠 있는 섬들을 향해 통통통 떠난다
   가슴에 고여 있는 포말泡沫을 철철 넘치게 풀어놓는다.

낙엽 구르는 소리 외 1편

이 문 희

울어도, 울어도
끝이 없는
낙엽 구르는 소리

무거운 동토를 머리에 이고
꽃 피는 봄을 함께 웃으며
넘쳐나는 기쁨을 주체 못하고
잠 못 이루는 목마른 밤이
짧을 때도 있었습니다

허공에 높이 뜬
노고지리 노랫소리에
벌 나비 날아와
아지랑이 함께 춤추는 날들도

마른 나뭇가지에
달랑 홍시 하나 매달아 놓기 위하여
바람 불고 눈, 비 오는 숱한 날도

울며불며 긴 밤을 하얗게 새운 날도
창밖에 낙엽 구르는 소리에
모두 실어 보냅니다.

능소화

얼마나 그립고 아팠으면
뽀드득뽀드득
지붕 꼭대기에 기어올라

매정스레 등 돌리고
떠나가 버린 임
그림자라도 보고지고

가슴 시린 검붉은 상처
쿵~ 쿵~ 쿵~
지축을 울리며
지는 꽃봉오리

온몸 저리게 멍든 가슴
두둥실 하늘을 떠도는
발기발기 애간장 녹이는
피맺힌 통곡 소리여!

사랑 가꾸기 외 1편

이 상 규

가슴에
너덜겅 같은 묵정밭을 그냥 두고
어찌 아리고도 저린 사랑을 하랴
사랑도 농사일 같아
마음밭을 푸실푸실 가꾸어야지
거기다 풋풋한 그리움 하나 심고
에돌다 오는 마음 불러 데우면
곱다시 자라나서 사랑이 되리
묵정밭을 일구듯
사랑은 그렇게 가꾸는 것을.

띠포리

띠포리가 납작하게 누워 있다
은빛 비늘을 윤슬처럼 반짝이며
날렵하게 잔바다를 누비던 띠포리가
바닥 없는 나락으로 잦아드는 것인지
모로 누워 혼미하게 가라앉고 있다
발라먹을 살도 없어 생선 축에도 들지 못하고
만만하다고 으레 가짓수에도 끼지 못하던
그래도 국물 맛내는 데는 띠포리만 한 게 없다며
끓는 물에 집어넣어 우려먹던 그 띠포리가
고열에 한기까지 갈마들어 몸살이거니 미적거리다가
척추 염증이라고 듣기에도 어줍잖은 병명으로
벌써 한 달 보름이나 병상에 누워 있다
띠포리 한 줌 넣고 된장 한 숟가락 풀어서
김치 넣고 보글보글 끓이면 한 끼는 먹을 거야
입에 걸러 넣을 게 없을 거라며 내 걱정을 하는
아내는 척추 마디마디가 물러 누워 있는데
밴댕이 소갈머리처럼 연득없는 나는
연하디연한 띠포리 등뼈까지 우려내어
혼자 살겠다고 후룩이며 밥 말아 먹고 있다.

삶, 여유 외 1편

이 상 진

탄생의 숨소리는 봄과 함께 들려온다
생명만큼 중요한 게 그 어디 있을까요
연초록 작은 잎새에 날개 하나 돋는다

푸른 잎 나래 위로 자유가 꿈틀댄다
하늘 위 가지 끝에 구름이 걸려 있네
바람도 막히면 그저 돌아가는 수밖에

아, 여유! 비움에서 나온다는 이치를
바람이 스쳐갔던 대숲에는 소리가 없듯
인생을 흘려보낸다 여유롭게 유연히.

묻지 않는 배려

'죽어라 노력하고 애써도 안 되는 일'
이 세상 무엇 하나 쉬운 게 없는 삶에
성장통 상처투성이 너나없이 겪었듯

때로는 격려의 말 기대의 함축 속에
아뿔싸 숨 못 쉬게 부담되어 돌아오는
죄책감 어디 없으랴 살얼음판 걸어왔다

'깨져도 괜찮으니 마음껏 쓰라' 하신
'알아도 모르는 척 묻지 않는 배려' 속에
그 말씀 잊혀질리야 마음 깊이 새긴다.

백련암 행자 시절 외 1편

이 성 남

문경 봉암사 대웅전 오른편
산신각 뒤 오솔길
주지 스님 저만치 휘적휘적 앞서서
가을빛 암자로 길 열었지
세 분 여자 스님 절간살이
정갈한 마음
새벽 3시 물통 들고
산속 옹달샘 길 찾으면
초롱한 별빛 샛길 비추고
서걱거리는 얼음 조각 물
동이에 가득 채우면
겨울 숲 숨죽여 나를 살폈지
댓돌 위 허리 굽힌 여승
쏟아붓는 얼음물로
얼굴 비벼 잠 쫓았지
적막 깨는 목탁
삼라만상도 눈 비비고
독경 소리 귀 기울였지.

시냇가 집

도리실 아래 담 개울 옆
커다란 느티나무 있어요
야삼경이면 두견새
청아한 목소리
시냇물에 여울져 흐르죠

진달래꽃 그늘 지나고
느티나무 옆 쪼꼬만 집
아침 햇살 뜨락에 내리면
민들레 노란 꽃 수백 송이
양팔 치켜들고 환호하지요

마음 추울 때
따사로움에 젖고 싶어
사나흘에 한 번씩
황금 날개 산새 기웃대는
문경 시냇가 집 잠깐씩 들르죠.

DMZ 155마일 외 1편

이 순 우

숱한 꽃대궁 쓸어 묻은
휴전선
철조망

어쩌다 국적 없는 새 한 마리 날아 앉아
머리는 남한 땅
꼬리는 북한 땅
꼬리 까불까불
머리 갸우뚱갸우뚱

국적 없는 새

방랑객 바람만 자유로이 넘나들고
무심한 계곡물만 겁없이 소리 내어 흐르누나

내가 서 있는 이 땅이여
소중한 내 나라여
대한민국이여 평화여
영원하여라.

닮은꼴

어머니
내 어찌 이렇게도
당신을 닮았습니까?
당신이 웃으시던 모습으로
내가 웃고
당신께서 쓰시던 말
내가 쓰고
제일 싫어하던 그 모습 속에서도 내가 있고
그리움 속에 내가 있어
어찌 그리 나를 복사해 놓으셨는지요!
지금
어머니 시린 가슴과
아버지 잃고 눈물 보이지 않으시던
그 모습까지
꼭 닮아서
지금 나는 당신의 거울을 보는 듯합니다.

구절초 외 1편

이 양 자

아침 이슬 머금고
얼굴 내밀고 있는
가을 여인

군데군데 무리 지어
하얗다 못해 차라리 푸른빛 날리듯
조용한 들녘 그렇게
서 있다

향기 품은 소롯한 미소
능선의 잔잔한 물결
오묘한 꿈속인 듯
어머니 사랑 알려 준다

솔향 국향 어우러져
정감 넘친 군락
짜릿한 꽃망울이 반짝인다

산등성이 솔숲
선명한 무지개처럼
산책하는 즐거움에
흠뻑 젖는다.

비우는 것보다 채우는 것이

묵을수록 깊어진 향이
초가을 해 질 무렵까지 날아간다

차 끓는 소리에
시끌벅적한 뚝심
고향 집이 생각나는 오후

찰흙빛 주전자 고운 때깔
비우는 것보다
채우는 것이 치유라고
갈색 찻물 정성으로 우려내는 여인

한 잔 한 잔이
차마고도의 길처럼 신비로운 맛이다.

승무 외 1편

이 영 례

삶의 여정
고통과 환희 죽음마저
고이 안아 주고 보내 주고
다독이는 기도

해와 달을 그리며
사방으로
하늘로
올려 보내는 기도

몸짓, 손짓으로
전해 오는 간절함에
긴 여운으로 답하는
장삼 자락이여

나르고 돌고 뿌리고
휘몰아쳐서
가슴마다 울리는
마음으로 순응한 기도여.

혼돈의 하루

반짝이는 낮입니다
설렘과 어지러움이 군데군데서 손짓합니다
문 닫고 들어오니 캄캄한 밤입니다
쉬고픈 얼굴이 거울을 보고 있고
머릿속은 아직 밖을 헤매고 있습니다

나무들 햇살 받아 생기 나누는데
눈꺼풀이 자꾸 내려옵니다
쓰린 눈 안쓰러워 깜박임이 둔해지고
몸과 마음이 서툴고 부딪히며
투덜거립니다

지쳐 가는 사람들은 아랑곳없이
차들은 바쁘기만 합니다
지구 반대쪽
그이와 그녀도 떠올리며
또 스쳐가는 밤낮입니다.

청양 문화

이우재

충청도 좁은 땅에 유서 깊은 문화원아
칠갑산 대한 으뜸 높은 기상 숨쉬는데
청양은 양지바른 골 장곡사 자랑타

해해로 밝아 오는 청양 문화 곱게 피어
대한 땅 무궁화로 강산 누빈 문화원아
정든다 칠갑 문화길 양반 세도 힘솟다.

달력 외 1편

이 원 상

하루해가 덧없이 가니
주름 한 잎 이마 전에 늘고
한 밤 자고 나니 백발 한 올 돋아나네

한 달 헐어 놓으니
구름 가듯 떠나가고
밤중에 엮은 생각 이슬로 지워지네

바람 불어 잎 지니
맘이 산란하여
서글픔이 밀물처럼 밀려오고

세모歲暮에 남은 한 장 넘기며
눈 감고 생각에 잠기니
올 한 해도 영원 속으로 사라지네

영원의 그림자는 찰나 속으로 오며
공간은 시간의 흐름에 따라 변하고
우주의 섭리는 윤회를 멈추지 않네.

처용가

지귀의
잠뱅이 벗어 둔
서라벌의 하늘에
배꽃처럼 펄펄
진눈깨비 날린다

신라의
계집 밤새도록
눈물 글썽이는
섣달그믐 하늘이
사나이의
음성으로 무너지고

적막의 밤에는
사나이의 관용이
봄볕처럼 따뜻하다.

밤바다 외 1편

이 은 경

부서지며 일어서는
그 몸부림
별빛은 어리어 나비가 되고
달빛은 씻기어 꽃바다 되네
젊음이 넘실대는
밤바다여.

날마다 우리는

하늘을
하늘이라 부르지 못하고
바다를
바다로 바라보지 못하고
산을
산으로 솟게 하지 못하는
얽히고설킨 세상
자물쇠 채운 가슴
열어라 열어라
두들기는 소리
천지에 가득하여도
돌아앉아 귀 멀고 눈 먼
우리는 한 치씩 입부리만 돋아
말의 산을 기어오르고
말의 바다 헤엄치고
말의 하늘 푸드득푸드득 날아
삼라만상 꿰뚫어 보지만
산의 말, 바다의 말, 하늘의 말
진실로 그 누가 들었는가 보았는가
청정한 빛살 눈 밖으로
귓전으로 흘려보내고
날마다 우리는
퍼런 입심만 살아.

눈감으면 외 1편

이 은 협

눈감으면
비로소 보이는 것들이 있다
지금은 안 계시는 어머니의 극진하셨던 사랑이
곱게 핀 진달래꽃으로 보이고
대학 다닐 때 가정 교사로 있는 나를
친자식처럼 사랑해 주시고 싫은 내색 한번 안 하시며
사 년간 점심 도시락을 싸 주셨던
나의 어머니 같은 천사 아주머니가 보인다

눈감으면
비로소 생각나는 것들이 있다
살아 계실 때 왜 좀더 잘 모시지 못했을까
잘못했던 이런저런 것들이 주마등처럼 생각나고
가난했던 시절 멋모르고 키운 자식들 얼굴과
그때 고단했던 애엄마의 얼굴이 생각난다

눈감으면
비로소 들리는 소리가 있다
자식 사랑이 남달리 지극하셨던 어머니와
전생에 나의 어머니 같으셨던 천사 아주머니
사랑으로 베풀며 살라시던 목소리가 들리고
하나님이 나에게 사랑으로 살라 하시고
아버지가 나에게 참으면서 살라 하신 소리가 들린다
눈 감으면….

단추

방바닥 한구석에
실밥 풀어져 떨어진 단추 하나
집 없는 노숙자처럼
서먹하게 앉아 있다

아내는
어디에서 떨어졌는지 사연도 물어보지 않고
얼른 집어
버려진 고아 단추들 모여 있는 상자 속에 넣는다

고용시장 노동자처럼
웅기중기 모여 앉아 불러주기를 기다리고 있는
주인 잃은 고아 단추들
감옥 같은 상자 속에서
도대체 어떤 삶의 이야기를 나누며
기약 없는 시간을 보내고 있을까?

기다리면 언젠가 복이 오겠지?

전철 외 1편

이 재 성

가는 사람 오는 사람
지위 고하 막론하고

배차 규정 철칙 따라
분초 지켜 여닫으며

시민들의 발이 되는
바다 같은 님이시여.

무위

방랑을 마치고
영겁 속으로
고요히 잠드나니

잘 있거라
짧았던 날들과 인연의 끈
나 이제 문을 잠그네

생사를 초월한 무형의 별천지
사후에 그리는 푸른 신호등.

눈 외 1편

이정님 이룻

툇마루에 서서 바라보는
내리막길 저 아래
하얀 빛으로 오시는 당신입니다

가슴에 품었던 기다림
입김 호호 불어
봄꽃으로 피워낼 당신입니다

마저 못하신 말씀에
가슴이 시려와
이파리로 무성할 사랑입니다

하염없이 녹아서
눈썹만 적시고 갈 눈물입니다.

새벽

밤새도록 표백시킨 치마폭
은백색 여명을 끌고
저 아득한 동녘으로부터 달려와
분초 향기를 뿌리며
서성대는 그대여

늘 그 자리에서 깨어나
늘 그 자리를 쓸고 닦는 당신이여
수줍어
수줍어서
안개 찾아와 한 겹씩 한 겹씩 벗기면
끝내는 못 참고 붉어지는 낯 빛

아! 세상도 비로소 제 표정을 찾았어라.

까치밥 단상斷想 외 1편

이 종 수

어찌하여 색깔이 저러코롬 고색창연하다냐
푸르면 어때서(땡감이-홍시로)

산기슭 따비밭 두둑에 햇수로야 동갑일 것이나
크고 혹은 작게 자란, 감나무 세 그루가
끼리끼리 조화를 이루며 옹기종기 서 있네

아따, 저걸 보시게, 아닌 게 아니라 딱 다섯 개씩이네
나무마다 까치밥이라

가을도 늦가을의 뒤편인 이즈음에 창공을 배경으로
한 장의 동양화 같기도 한, 잘 그린
저 그림을 누가 그려 놓았지, 대체

그러나 아무나 먼저 와서 저 그림 속의
홍시를 따먹는 놈이 임자거든

딱새여 직박구리여 오목눈이여
참새 박새 어치 개개비 사촌이여, 방울새여
더러는 갈까마귀나 까마귀가
와서 따 먹는다고 누가 뭐라고 할쏜가

우선순위가 따로 없나니 그래서 아무나 먼저네
저 성실하고 경건한 자연의 보시普施를 보시게나
보살행菩薩行이 어디 따로 있다던가.

마칼루 베이스캠프에서

여기는 네팔, 히말라야산맥에서 2번째로 높은
마칼루봉(8,485m) 베이스캠프
공기는 희박하고 차갑고 추운 고산高山 지대다

고국을 떠나올 때 너를 못 보고 왔다. 이곳은 지금
칠흑의 밤이다. 춥다. 몇 겹씩 방한복을
껴입었어도 시리게 파고드는 추위

캠프 앞에 고산의 마른 나무 그루터기를 주워다
모닥불을 피워 놓고 한기를 녹이고 커피를
마시며 망연히 바라보는 하늘
밤의 요정妖精들이 관장하는 저 아스라이 먼

검푸른 밤하늘의 휘황한 별들은 금방이라도
쏟아져 내릴 것 같다. 또렷하고 커 보인다
천공을 몇십 광년 질러온 별들이 발하는
고색이 창연한 스펙트럼, 저마다 혼신으로 빛나는
저 별들의 빛의 향연饗宴을 나는 본다

모든 것들 잠들어 적막하고 고요한 밤
여기는 히말라야 마칼루 베이스캠프
이 밤에 잠들지 못하고 커피를 마시며 나는
멀리 고국의 예티 너를 생각한다. 숙아 그립다.

밤에, 정암해변 외 1편

이 지 언

여름날, 뜨거웠던 모래알들은
차가워진 시선들을 어디에 둘지 몰라
먼 바다로 머리를 두고 밤을 보낸다

바다와 하늘이 뒤엉켜
검은 눈물에 휩싸인 어두운 대양
울음인 양 들려오는 출렁이는 소리에
잠을 설친다

적막하리만큼 고요한 정적 속에
흐트러지지 않는 자태로 속울음 삼켜가며
어디론가 속삭이듯 흘러가는 윤슬

누군가 흘리고 간 눈물방울이
저토록 아름다울 수 있는 것은
나를 위해 울어준 네가 있었음이 아니었을까
이제는 나도 너의 삶을 반짝이며 비추고 싶다.

※정암해변: 강원도 양양군 해변

바다의 노래

때로는
거친 물살에 벌떡 일어나 잠에서 깨어나고
때로는
폭풍에 온몸이 휘감겨 곤두박질쳐도
햇살에 반짝이는 찰나에 순간을 위해
하늘이 내려준 물결 위를
아무 일 없다는 듯 담담히 걸어 본다

달려오는 거친 파도의 길이가
달려오는 일상의 매서움의 깊이가
한 번도 같은 적이 없는
매일 다른 길을 걷는 일에 익숙해져야 한다
단 하루도
일상에 매끄러움을 느껴 본 적이 없다

그래도 내게 주어진 하루에 감사하며
캐리어에 담아 둔 너와의 기억을 끌고
내가 가야 할 길을 찾아 떠나야 하는 나는,
나는 날마다 새로움에 넘실거리는
오늘을 노래하는 방랑자일 뿐이다.

해안선 海岸線 외 1편

이 진 석

서로 외면할 수 없는
바다와 육지가
맞닿은 자리
수평선을 향해
영원을 부르는 손짓

별들이
창 너머로 밀물 치면
해초가 녹아드는 아리아aria

머언
역사의 숨결이여.

고목古木

묵묵히 지켜 온
너와 더불어
역사는 흐르나 보다

비바람 천년
온 힘으로 버텨 온
검은 몸

뭇별이 열리는 밤마다
푸른 달빛과 손을 잡고
하나, 둘
해묵은 전설을 낳는 너

묵묵히 지켜 온
너와 더불어
강물의 함성.

11월 외 1편

이 창 한

엄청난 소리로 내려앉았다
거실에 채워지는 빛은
잠시 멈추어 구석으로 몰렸다
마루를 밟는 소리는 조급한 마음으로
문틈으로 세상을 살피고
벗어놓은 옷을 다시 껴입고
바람으로 일그러진 카페의 모습을 바로 세운다

푸른 빛으로 밝아지면 선명해지는 것들을
눈으로 쫓으며 자꾸만 불편해지는 것이
더욱 불편하게 만들고 있는 생각 속에
잠깐씩 들어앉는 허탈함
테이블 위에 가지런한 질서로
후각을 안내하는 맨발은 이제 비워지고

둘은 차가운 손을 내밀고
이제 가야지.

강江 · 3

정말 갈 거야?
남자가 먼저 말을 꺼냈다
상대의 마음을 안다는 것만큼
불편한 것도 참아야 하기 때문에
눈으로 강물의 깊이를 재며
한동안 말이 없었다

사랑은 무슨 색일까
강둑에 무심코 서 있는 늙은 나무는
바람을 안고 죽어 있었지만
다른 남자의 그림자로 누워
안 가면 안돼?

물길 따라 시간이 젖어 있는
강변의 모래밭에 밤새워 놀다간
사람들의 자국이 어지럽다
닳아 반들거리는 자갈돌 틈에 끼어
바람은 자꾸 보고 싶다는 말만 하고
깨어져 반짝거리는 노을 속으로
저녁 강물이 어두워지면
언 손이 언 손을 녹이듯
손을 내밀고 돌아서는 목소리가
축축하게 젖어 있다.

어찌 잊으랴 외 1편

이 한 식

산 너머 고향 땅이 보고 싶어
발돋움해도 보이질 않더이다

어쩌다 말만 해도 그리운 내 고향
평생을 그리다가 떠나는 인생

하물며 가족이야 말해 뭣하랴
언제나 어울리며 살아왔어라

부모님 생존 시엔 자주 들르며
보살펴 드리면서 지냈던 옛날인데

이제는 찾아가도 반길 이 없어
몇 달이 지나도록 찾지를 못하네

젊어선 건듯하면 달려갔지만
다리가 무거우니 갈 수가 없어

야속한 두 다리가 너무 힘들어
마음만 고향 따라 달려갑니다

앞으로 몇 번이나 더 살피게 될지
내 자신 무슨 말도 할 수 없구나.

갈수록

인연이 닿는다면 또 만날 수 있을까
말이란 허투루 할 수도 없는 법

평범 속에 오묘함이 깃들어 있고
말은 한 사람만 지나가도 커진다

떠도는 말이야 어찌되었든
천만 감회가 가슴을 후려친다

전생의 업보는 자연과 더불어
어려울 때 지혜를 일깨워도 주련만

마치 잊고 살았던 지난 세월이
주마등처럼 스치는 마음을 어찌하랴

왠지 맑고 푸른 가을 하늘처럼
시원하게 살았으면 얼마나 좋을까만

긴 세월을 건너 지난 시간이 아련하게
모습은 점점 느려만 가는데

갈수록 몸은 더욱 힘들고
세월은 참 빨리도 지나더라.

잊지 못할 연정戀情 외 1편

이 한 희

연둣빛 계절을 지나
홍엽紅葉이 춤추던 날
푸른 하늘 그리움으로
내 곁에 다가온 님이시여

크고 작은 애틋한 정情 밀려올 때면
그저 바라볼 수 있도록
계셔만 주세요
가깝지도 멀지도 않은
그만한 거리에서
날 반겨 주신 그 모습 그대로

깊고도 넓은 우리들의 사랑
슬픔으로 남아
내 가슴에 젖는다 해도

당신 향한 후회 없는
사랑이었기에
머언 먼 훗날
아쉬움 뒤로한 채
행복, 행복하였노라
기쁨으로 말하리오.

겨울 바다

어울 너울 파도 이랑 일구며
다가오는 하얀 파도는
모래밭에 새겨진
추억 하나 지우고 간다

젊은 날 푸르른 꿈과 희망으로
지내온 세월
아직도 다하지 못한 나의 목표
서산머리에 걸려 있는데

저렇게 밀려오는 이랑의 파도는
짙은 글씨로 새겨 놓은
마음 밭의 심중을 알아차린 듯
고요로 출렁이고만 있다

노을 발 내리는 저 붉은 하늘
내일의 희망을 안고
뜨거운 정열로 꽃 피워지리라.

항아리의 마음 외 1편

이 형 철

묵은 세월이
어떻게 바뀌었는지
어떻게 나이를 먹어 가는지
비가 오는지 눈이 내리는지

전쟁의 혈흔 속에도
전혀 상관하지 않고
뚜껑 덮인 독 안
파묻힌 땅속 오랜 세월

조용히 익어 온 사랑처럼
아무도 모르는 그곳에서
비밀을 키워 가고

마음이 익어 갈 때
그때야 쾅소리 하나 내렸다.

치열한 세상

헐거운 하루를 꾸벅꾸벅
박음질하는 시간이 지나고서
세상 또 다른 양면성
아득한 유혹도 넘기고

가끔 빛살이 푸드덕거리는 것들
힘껏 푸른 별 한입을 깨물어 본다

나는 오늘도
매번 강한 비바람 속에
빛바랜 시간을 벗겨 보고

그래도 쓰러지고 쓰러지면
다시 살아오는
지난 시절의 봄을 생각해 본다.

새벽 외 1편

이 흥 규

아그덜아, 새복 되얐다
장딱이 목청을 뽑은 지가 한참 되얐당께!
바다랑 하눌이 지금 쪼개지고 있는 것 잠 봐라
해님이 바다 너머에서 튀어 터진다
햇살이 하눌 사방군데로 화살을 쏘아뿐께
빛을 몽땅 빨아먹은 바다가
새악씨 볼따구니 맹키로 뽈구작작 허니
연지곤지를 찍어 볼르는구나
둥근 해가 이마빡을 살짝 내비칭께로
어둠이 어느새 내빼부렀다

아그덜아, 후딱 인나그라
뒤안 대밭에서는 폴시께 굿판 났당께!
밤새 뽀시락도 안 허고 잠자던 삐둘기들이
후다닥 푸드덕 날개 춤을 춤시로
뚱실뚱실 얼굴 내미는 햇덩어리 속으로 날아가뿐다
감나무 가장구에서는 까치가
어서들 인나서 움직끼레 보라고 깨우잖느냐?
아그덜아, 싸게 서둘러라
언능 밥 먹고 핵교당에 가서
선상님 말씸을 부지런히 주서담어야지야.

복

오메! 우리 꽃님이 이쁜 것조까 보소
기양 날로 깨물라도 비렁내 한나도 안나겄네
긍께, 의료 봉사 허로 나온 의과 대학상이 한번 보고
솔개가 뼁아리 채가디끼 얼렁 채가뿔제

그렁께 고것이 다 타고난 지 복이여
인자 우리 꽃님이가 의사 사모님 되야각고
몸뚱아리 비단으로 감고 놋요강에 떠르르 오줌 눔서
할랑할랑 부채질이나 허고 살겄네. 웨?

아, 옛날 말이제. 구식 탱탱헌 놋요강, 부채질은 무신,
희컨 좌변기에 안지먼 아그덜이 물총쏘디끼
씨싸쓰쏴 똥구녁이랑 보물단지를 깨깟이 씻께준당만
글고 에이콩인가 뭇인가가 씨언헌 바람을 핑게중께
한여름에도 더운 줄 모리고 산다네

내동 배골코 살던 옛날에도 아, 말이 안 있능가
개똥밭에 어푸러져도 이승이 금방석잉께
읎시 살아도 오래 사는 것이 젤로 큰 복이라고
인자 시상이 모도 금방석 되야부렀싱께
워쩌튼지 병 읎시 오래 살어야 써!

마음 외 1편

임의숙

가만히 주머니 속에서 다독이던 말

몇 날 며칠을 넣고 다니던 말

손가락 더듬으며 뒤척이던 말

자꾸 한쪽으로 쏠리던 말

덧붙여 꿰매 놓은 헝겊 조각 같은 말

맡아 두고 들여다보지 않는 남의 물건 같은 말

어느 날에 온기가 스며드는 말

가만히 주머니 속에서 정이 드는 말.

약

잠긴 목소리 어두워
눅눅한 등을 더듬으면
손바닥 가득 쓸려 나오는 메아리

방이 쓸쓸하다

아플 때마다 독감은 처음이라
둘둘 말린 이불을 끌어안고
헝클어지는 팔과 다리

보라의 입술은
손가락 하나 부를 수 없어
쉰 목련이 핀다

잘 있니,라는 한마디
창문에 찾아드는 볕 같은

밥은 챙겨먹어,라는 한마디
목젖을 넘어가는 솔 죽 같은

이마 시원하게 꾹, 짚어 주는 그늘
아프지 마,라는 그 한마디.

정 외 1편

임│종│본│

자연이 만들어 주는 모든 소리는
내가 가지고 있는 귀를 청량하게 씻어 준다
가을 들판만큼 넉넉한 할머니의 마음처럼

버려야 할 것이
무엇인지 아는 그 순간부터
나무들은 가장 아름답게 몸을 태운다

아낌없이 버리기로 결심하면
제 몸 하나씩 내려놓으면서
가장 황홀한 빛깔로 물이 드는 날

어느 날
갑자기 아무런 지체 없이
혼자 남는 것이 두려워지는 순간

의식적이든 무의식적이든
걷고 보고 듣고 생각하는 도중에도 숨을 쉰다
굽어진 부모님 등이 보이는 것처럼.

절정

까닭 없이 마음 시끄럽고
잡으려 해도 잡을 수 없는 마음
고요히 빛나는
현란한 가을 아침
모났던 마음 둥글둥글해지는 것은

코스모스 일제히 일어나
반기는 고요의 절정이다
연못 위에 삭 정진 연잎에 이는
바람 때문이다
까닭 없이 깊어지는 가을날

옷깃에 스미는 바람도
주저 없이 떠나가는 행인의 걸음도
단풍잎마저 곱게 물드는 까닭도
초가을 박꽃 피는 사연도
봄날 누리는 호사를 위한 교향악이다.

지는 잎새 외 1편

임 향

고운 낙엽 길
만상이 사라지는 허무는
새로운 생명의 잉태

살았던 자
떠나가면
낙엽 지는 잎새

그 빈자리

새 생명이 채워지는
환생의 길목.

묘각 妙覺

모란이 질 때
하늘 향한 숫대
꽃 속의 꽃

꽃술
꽃술 속의 꽃

그리고
또 그 꽃 속의 꽃
......

지혜의 정각
생각할수록 오묘한 꼭짓점에서
활짝 웃네.

※묘각: 온갖 번뇌를 끊어 버린 부처의 자리

바람의 충고 외 1편

장 동 석

갈 햇살이 쨍쨍거리는 들녘에
온통 지구가 붉게 물들어 가는 것이
어찌 저 단풍잎뿐일까마는

내 가슴도 무심하게
그대를 초조히 바라보고 있다가
마음속에 불꽃이 일어
이미 벌겋게 핏빛으로 물들어 버렸다

세상에 영원한 것이 없다는 듯
찬바람이 불 때마다
모든 것을 다 툭툭 털어내야
또다시 새것으로 채울 것이라고
꽃잎이 물들고 나락으로 떨어지는 것일까

갈바람이 불어오는 숲길에
그리움이 홀로 익어 가다가
시름 한 자락 붉게 떨어져 가는 것이
어찌 저 나뭇잎뿐일까마는

나 역시 단풍물이 흠뻑 들어
떠날 때는 말없이 가라고
지나가는 바람이 한마디 충고한다.

그림자

언제나 못 본 척해도
애틋한 마음의 숨결로 남아
다정하거나 애교는 없지만
밤이면 늘 내 곁에 와 지키고 있구나

이따금씩
못마땅한 척해도
외톨이가 될까 봐 걱정인지
늘 곁에 붙어 있어 주는 의리 있는 친구
움직이거나 서 있거나
나와 똑같은 행동을 취한다

잠잘 때는
모든 것 다 따돌리고
안으로 홀로 들어와 잠들어도
또다시 한 몸이 되어 주는 영원한 혼령
나의 동작에 따라 움직이고
고스란히 녹아내린다

아무도 없는 척해도
불빛 옷깃을 여미고 앉아
기분 좋은 몸짓을 움직여 주는
밤마다 늘 내 곁을 떠나지 않는구나.

저녁노을의 속삭임 외 1편

장｜동｜수

저무는 가을 들판에서 저녁노을을 바라보니
붉게 물든 노을이 속삭인다

인생길 나그네들이여
고달픈 인생 여정을 잠깐 멈추고 자신의 삶을 돌아보라 한다
이제는 얽매인 삶 다 풀어놓고 잃어버렸던 인생 다시 찾아서
남은 세월 후회 없는 삶을 살아가라고
사랑은 행복 바이러스이기에
받은 사랑보다 베푸는 사랑에 더 할애하라고
백 번의 슬픔 소리보다는 한 번의 웃음소리가
인생을 유익하고 복되게 살게 함을 기억하라고
지혜로운 자는 때에 순응하고
어리석은 자는 이치에 거슬러 실패한 삶을 살게 됨도 명심하라고
생명의 불꽃이 다할 때까지
나눔과 감사의 마음으로 삶의 여백餘白을 채워 가라고

삶은 어디로부터 와서 죽음은 어디로 향해 가는지는
전지 전능하신 하나님의 주재임을 항상 잊지 말고 살아가기를

저녁노을이여
고마워
후회 없는 삶을 살도록 일깨워 주어서.

품위와 질서가 삶의 덕목인 자들

인간다운 삶을 살며
나 자신을 바르고 소중하게 다루는 자들

건강하고 균형 잡힌 삶을 추구하며
심신을 모두 건강하게 유지하는 자들

자유와 책임을 동시에 수용하며
나와 타인의 권리와 존엄을 존중하는 자들

희망과 열정을 가지고 살며
미래를 위해 노력하는 사람들

품위와 질서의 삶을 추구하며
더 나은 세상을 만들기 위해 노력하는 사람들

품위는 공동체의 덕을 쌓게 하고
질서는 공동체의 화평을 가져오게 함을
명심하고 살아가는 사람들이여.

단풍 외 1편

장｜문｜영

푸른 가슴 지닌 채
저 찬란한 불타는 정열
어이할까나

청춘의 그리움
온몸 불꽃 같은
꽃으로 피었는가

가을 눈물
석양의 노을 머금고
열꽃으로 피어
서 있는 단풍나무들

떠날 때를 알고
아름다운 모습으로
우주에 보답하려

바람 등에 업혀
저리 예쁜 옷들로
춤추며 나부끼는가.

이른 봄

봄 햇살 따사로운 핏속엔
푸른 물이 오르내리네요

봄바람 훈훈한 가슴속엔
연두색이 들어 있어요

봄 햇살 반짝이는 예쁜 눈엔
꽃 눈망울 아롱거려요

봄바람 달콤한 목소리엔
꽃들 웃음소리 묻어오지요

봄 햇살 화사한 얼굴엔
무지개색 꽃들이 가득 차 있어요

봄 고운 마음엔 아름다운 꿈이
아지랑이처럼 피어올라 오네요.

생명의 빛, 명상의 노래

장 | 산

인생이 잠깐인데
눈앞의 죽음도 모르면서
부질없이 다투거나 슬퍼하며 노하지 말라
그리고, 분수없이 경거망동輕擧妄動하지 말라

하늘에는 하늘만 있는 것도 아니다
하늘 속에는 빛나는 태양도 있고
달님과 별님이 있어 생生을 축복하는구나

하늘에는 회오리바람이 탐욕스런 인간들 질책하더니
싱그러운 산들바람 괴롭고 외로운 자 위로하는구나
뭉게뭉게 피어오르는 흰 구름이 희망의 꿈, 꽃피우고
장대비 쏟아놓는 먹장구름도 있구나

물속에는 물만 있는 것도 아니다
물속에는 물고기와 갈대와 해초가 있다
물속에는 이태백이 놀던 달의 궁전도 있고
수 많은 시詩와 음악이 있다
영웅호걸의 우레 같은 한숨 소리와
아름다운 연인들의 귓속말의 연가戀歌도
물속에는 어우러져 있다

그대 속에는 탐욕으로 찌든 그대만이 있는 것은 아니다
욕심내고 답답해하고 성내는 어리석음 이외에도
모든 것을 밝게 살펴 아는

한량없는 지혜와 행복도 함께 있다

잠깐만 돌아보면, 그대 속에는
부처님 같은 무진장無盡藏 지혜의 공덕장功德藏이 있다
허공 같은 재물을 다 쓸 수 있는 복도 함께 있다
한량없는 수명과 끝없는 진리의 광명이 있어
일체를 변조遍照하는 강열한 힘이 있다

그대 속에는 그대만 있는 것이 아니다
인연의 처자 권속과 국가 사회와 지구촌과 우주가
함께 맞물려 어우러져 돌아간다

그대가 미워하거나
애착을 가지고 집착하여 사랑할 때
일체가 끈끈하게 맞물려
큰 고통과 함께 불행을 맛볼 것이다

원수나 악마에게도 불성佛性이 있음을 상기하고
일체의 모든 증애심憎愛心을 여의고 새벽 맑은 시간에 명상하라
우주적 기氣를 타고서 무한無限의 가능성에 접接하라

마음이라든지 마음이 아니라든지
두 가지 분별심을 가만히 내려놓고
단지, 심연深淵의 호흡을 세밀히 관찰하여라

쇄도殺到하는 우주적 기를 흠씬 적실 때
부처님과 여러 성인聖人들의 가르침에
눈물 흘리며 감사하고 기뻐하리라.

고려산의 진달래꽃 외 1편

장│인│숙

4월 중순
강화도 고려산에
진달래꽃 만나러 왔네
4월의 산야
연둣빛 순으로 퍼지는 수목 사이에
언뜻언뜻 구름처럼 박혀 있는
연분홍빛 산벚꽃이며 우아한 목련
꽃잎이 지면서도 웃는 듯한 노란 개나리
그리고 아련하게 흰 빛으로
온 누리가 화려한 조팝꽃

첫사랑의 멍울진 가슴인가
붉기만 한 진달래 무리가
이 산자락에 온통 장관을 이루고 있나니
그 아름다움에 할 말을 잃는구나

시인 소월도 진달래꽃의 아린 추억이 있어
'가시는 걸음걸음
놓인 그 꽃을
사뿐히 즈려밟고 가시옵소서'
이러한 눈물 어린 시어가 있지 않는가

아— 아픈 사연을 지난 고려산의 진달래꽃이여
그 아름다움 영원하리라.

옛 동무

김치를 담그다가
문득 떠오르는 얼굴

어린 시절
그녀가 우물가에 물을 길러 오면
우물 앞에 있는 우리 집에 먼저
내 이름을 부르며 대문을 밀고 들어왔지

가을에 피는
분홍빛 과꽃 같은 그녀

보고 싶다

내가 담근 이 김치를
새로 지은 이 따끈한 밥과 함께
그녀와 같이 먹으며
옛이야기 나누고 싶다.

완행열차를 닮은 편지 외 1편

장 정 순

배려 없이 속속 오가는 메신저는
쉼터를 기울어지게 한다
펜을 잡던 손가락이 무디어지고

더 조급한 쾌속선은
격식과 계절이 어우러진 편지를 탈락시킨다

시간의 수를 놓으며 고대하던
답장의 설렘을 삼켜 버린다

감수성은
예고 없이 밀려드는 만발한 축하 인사에도
향기를 잃은 냉랭함이다

배달되는 조화造花로 차 있는 방엔 혼자이다

외친다
조급함이 나아가는 난해한 줄임표를 향해

온기 있는 안부를 나누는 감동을 나누고 싶다
네잎클로버의 추신과 함께
완행열차를 닮은 편지를 살리고 싶다.

골목길 따라

대문이 없는 집에는
고귀한 사랑 목련집이라는 문패가 붙어 있다
목련은 보이지 않는데

강한 사랑 수국집은
대문이 닫혀 있어서 까치발 들고
안을 기웃거리는 질문이 된다

해바라기 그림이 가득 찬 골목길은
일편단심 해의 추종자일까
옷걸이 가득 걸린 마당의 빨랫줄까지

쏜살같이 달아나다가 담 모퉁이에 앉는
고양이의 곡선 꼬리는 예술이 될까

길이 느슨해질 무렵에 맞이하는
하얀 벽 하얀 지붕의 베아트리체 펜션은
지중해를 품고 있을까
단테를 기다리는 건 아닐까

골목길 따라 내 질문은 끝날 줄을 모른다.

제부도 외 1편

장│충│원│

눈이나 비 온다고 하더니
싸락눈 조금 내리고
하늘만 종일 젖어 있다

발을 씻기고 있는 제부도에 들러
움켜쥐고 있어도 검불같이 마르고 가벼워진
허허로운 것들 버리고 나올 때
어두워 가는 섬 가장자리 모래밭은
옷자락 스치는 소리만 가득하다

잠기고 있는 제부도 앞
등 시린 모닥불 매운 연기에 울며
조개를 올려놓은
초겨울

누군가 손 내밀어
바닷길 여는 신비로운 제부도
느릿하게 저녁 바다 갯벌을 나오는
노을 한 자락
돌아가는 발길을 재촉한다.

인사동 골목

오래된 세월
골목으로 길게 펼쳐진
인사동 거리

눈에 선한
초록빛 쏟아지는 여름날
환하게 웃던 사람 오가던 거리
화랑이며 문방사우
골목을 밀고 나오는 손때 묻은 유산들
뒷골목으로 들어선 석상
하루 이틀 걷는 길보다 기인
정겨운 골목

지나가는 사람들
꽃 피고 지는 소식 없이 떠나면
어느 기억으로
되돌아오려는가.

별 외 1편

장 태 윤

유년의 고향 밤은
별들이 초롱초롱 빛나 꽃밭이었어라
벌들이 잉잉거리고 나비가 나는 꽃밭

은하수며 꼬리별
그 많은 별자리를 바라보며
언제나 저 오리온을 따서
반짝반짝 빛나는
목걸이를 만드나 생각했지

그러나 팔이 짧아 잡을 수 없고
끌어당길 수도 없다는 현실에
미어지는 한숨을 쉬었었지

그러던 어느 날 밤
공동 우물에 내려온다는 사실을 믿고
하나하나 조심조심 떠서
그릇그릇 담아 놓았지

수련처럼 뿌리내려
꽃 피기를 기다리며
기다리며.

발

아가는 누운 채
제 발을 가지고 논다

새살도 하고
칭얼거리기도 하며
장난감인 양
여리디여린 저 발을

시간이 얼만가 흐른 뒤엔
수없이 산을 오르내리고
강가도 가며
부르터 굳은살이 생길 발

누군가를 찾아 어디선가
부지런히 만나야 되고
그러다 보면 헤어져
쓸쓸히 돌아서야만 하는
허전한 발걸음

아는지 모르는지
아가는 제 발을 가지고
열심히 놀고 있다.

슬픔의 타인 외 1편

장 형 주

슬픔이 속에 있어도
슬픔이 아닐 때가 있다

슬픔이 곁에 있어도
아프지 않을 때가 있다

슬픔을 보듬어 주는
따스한 손이 있고

슬픔을 안고 다독이는
포근한 가슴이 있다면

슬픔은 슬픔이 아닌
타인이 된다.

아직도

우리들 마음속에
아직도 남아 있는 그 섬

그 섬
해당화 꽃봉오리 속에
넣어 두고 온 추억 하나
아직도 자고 있을까

그 섬
은빛 반짝이는 모래톱 위에
수놓은 그리움 한 장
아직도 지워지지 않았을까

지금도
우리가 쌓은 모래성
아직도 남아 있을까.

미련 외 1편

전 관 표

작은 바구니에 댕강 뿌리를 잃은
꽃 머리들의 향기는 여전하다
바로 지금 최고의 빛깔
이 순간만을 이 시간만을

햇빛이 그림자의 졸음을 깨울 때
누군가는 고개를 떨어뜨리어야 한다
우리들은 알고 있다
꽃들의 유한적인 색채를

차마 말하지 못하겠다
우려의 일은 현실이 되고
시작됨은 무엇을 남겼을지 모르나
끝났다 문을 닫아야 한다

내일이 있다고 습관처럼 말하려는
몇 평짜리 공간과 숨소리와
졸린 눈꺼풀의 고요는 무료하다
왜 솔직하지 못하냐고 미련만 문을 열려 한다.

해바라기

태어나 매일
해를 바라보았다
그를 닮아내어
빛나는 꽃이 될 때까지

온전히 닮았을까
밤이 짧아질 무렵
큰 자람으로 우뚝 서
너른 들의 숨소리와
강물의 박동을 들으며
소나무 무리들에 어울린
새들을 바라보았다

잊지 않았다는
머물 수 없는 부끄러움과
탈색되어 버린 헌신은
되돌아오지 않는 내일
그에게서 바싹 말라
이제는 우두커니
이제는 시커먼 껍질로

붉게 저물어 가는 해가
뼈 가죽을 태우듯이
끝까지 비집고 들어오고 있다.

가슴이 미는 말 외 1편

전 순 선

우리 몸에는 입이 있어
그 입으로 먹기도 하고 말도 하지

조그마한 입을 움직여
내 감정을 전하기도 하고
상대의 감정을 느낄 수도 있거든

또 현란한 말솜씨로 관중을 사로잡기도 해

헌데
저 깊은 곳에서
가슴이 미는 말을 들어봤어
가슴이 하는 말을 들어봤어

조금은 서툴어도
가슴이 미는 말을 들었을 때
내 가슴이 먼저 반응을 하거든

가슴이 없는 입은, 날마다 어떤 말을 할까
오늘도 풍선처럼 세상 입들 둥둥 떠다니는데.

물텀벙

지상이 너무도 궁금해
몰래 그물을 타고 물 밖으로 올라온 너

투박한 인간의 손에 붙잡혀
한 미물이 퍼덕거리다
시퍼런 바닷물에 첨벙 내쳐지고 만다

오래전 어부들은
볼품없이 생긴 물고기를
그냥 바다에 텀벙텀벙 던져 버렸다고
물텀벙이라 불렀단다

전설이 키운 물텀벙은
식탁에 오르는 아귀찜, 아귀탕으로
사람들에게 큰사랑을 받고 있다

엊그제 먹은 시원한 아귀탕
내 안에 텀벙텀벙 어부의 물소리가 들린다.

참된 시 외 1편

전│윤│동

남들이 모르게 왔다가 사라진다
가장 향기로운 시는
연필 지우개 없이도 쓰고 지울 수 있다
가장 사랑스러운 시는
눈이 아니라 가슴으로 읽어야 보인다
가장 아름다운 시는

아,
밤하늘의 별은 그대 눈물이 빚은 시
아침 창을 두드리는 소리는 새가 읊는 시
따뜻한 밥상은 어머니가 쓰는 시.

무상

어제도 서리가 내리고
오늘도 서리가 내렸네
내가 지나는 산과 들녘엔
푸르던 계절의 잔해가 가득

거울을 보니 내 머리에도
세월 속 된서리가 내렸네
반백이 된 머리카락으로
불어오는 늦가을 찬바람

지는 해는 이 밤이 가면
다시 동녘 하늘로 돌아오고
시든 강산은 겨울이 지나면
새봄으로 다시 피어나리

자연의 법칙이 그러한데
석양을 마주한 이내 몸
밤이 가고 겨울이 지나도
인생의 봄, 돌아올 수 없으리.

산행기 외 1편

전 현 하

생각이 깊은 날은
발길이 산으로 간다
비탈길 굽이돌아
사념에 젖어들면
지나온 생각이 아파
빈 하늘을 바라본다

머리 푼 갈바람이
낙엽을 울리고 갈 때
낙엽 우는 소리에
삶의 주름 헤어 보고
가을 새 우는 사연도
속품 깊이 새겨본다

무심을 삭여 가며
밟고 가는 시간 속에
산사의 염불 소리는
빈 골짝에 퍼져 간다
속세의 오염된 영혼을
헹구면서 나도 간다.

임진강을 지나며

서로를 응시하며 지난 세월 얼마던가
이념의 푯대 위에 증오만 남은 가슴
아직도 가시지 않는 굽이마다 아픈 상흔

옛 길도 숨어 버린 강 건너 언덕 보니
가슴을 짓누르는 침묵만이 흐르고
강물만 신음하면서 철썩이고 있구나

굽이굽이 흘러흘러 주상절리 걸작품에
고랑포에 띄운 배가 절창을 풀어 놓고
포연이 쓸고 간 자리 억새꽃이 피어난다

새들은 적막 털고 자유로이 오고 가고
흰 구름 두둥실 한가로이 흘러간다
발 묶인 부모 형제는 언제쯤 오고 갈까.

가을에는 외 1편

정 권 식

님이여
가을에는 길을 떠나요
아무 말 하지 말고
그냥 걸어요

노랗게 물든 은행잎을
밟으며 길이 끝날 때까지
걸어가요

머리 위로 쏟아지는 은행잎을
비처럼 맞으며 걸어요

어쩐지 좋은 일이 생길 것만
같아요

님이시여
은행나무 길로 걸어가요

길이 끝나는 그곳에는 행복의
별천지가 우리를 기다리고
있어요.

낙엽

단풍이 빨갛게 물드는 것은
이름 없이 지는 자신이
서러워서겠지요

낙엽이 지기 전에 세상을
수놓는 것은 흔적 없이
지고 마는 자신이
미워서겠지요

예쁜 단풍잎에
가을 사랑 적어 보낸들 바람에
흩날리며 어디론가
가버리겠지요.

멀리 떠난 그대 외 1편

정 기 명

갈잎 사이 스치는 소리
가슴속 터지는데

멀리 날아갈 수 없는
눈물 맺힌 한이던가

슬픔의 한스러움이
점점 깊이 파고든다

들리지 않는 작은 소리도
부탁한다는 말 한마디

힘겹게 살아왔다고
목 메인 그 목소리

한없이 그리워하며
멀리 떠난 그대여.

조화造花

물빛 꽃병에
물망초 두 송이

꽃잎은 요조숙녀로
매혹적인 미소지만

겉치장
곱게 꾸며도
향기가 없는 꽃

남의 흉내 내면서
속내까지 감추고

보고 또 보아도
속을 알 수 없는 꽃

조화는
생명이 없는
거짓된 허수아비.

제비꽃 외 1편

정 성 완

긴 목 쭉 빼고
옆 눈길로 사랑을 속삭이는
보랏빛 입술 소녀야
그대는 어이하여 꽃 기린이 되었는가
마음은 연보라
입술은 진보라
혀는 안으로 숨어 있으니
입맞춤하기 어렵구나.

가을꽃
―사랑의 시인을 기리며

소쩍새 우는
이른 봄부터
그렇게 오랜 시간 울먹이더니
가을에 신선한
피를 수혈해 주고
떠나는구나.

그리운 얼굴 외 1편

정 성 채

문득 떠오르는 그 얼굴
내 잠자리 옆에 두고픈 체취
진홍빛 멍울을 남기고 떠났지만
그 정은 꼭 간직하고픈 그리움

그 체취는 멀리 사라지고 없지만
그 마음은 영원히
이 가슴에 품고픈 그리움

고요하고 잔잔한
그 음성을 듣지는 못하지만
그 울림은 듣고 싶은 그리움

그 환한 미소는
보지는 못하지만
그 아름다운 자태 바로 그대여라
가슴에 꼭 담고 싶은 그리움.

융프라우

하얀 눈 수천년 신비를 이고
침묵 속에 묵묵히 서 있는 알프스의 산
그곳 3,454m 높이에 있는 융프라우
사람들은 구름에 가려진 그 얼굴
벗기려고 한없이 오르내린다

바라보면 한없이 부드러운
처녀의 손길 같은데
그 봉우리에 발 디디고 만져 보니
억세고 냉정한 빙하이었네

감히 속세의 손길로
범하지 말라는 듯
세찬 바람만이 휩쓸고
잡히지 않는 구름 속에
헛손질만 하는 아쉬움
그렇게 융프라우는
영원을 내뿜으며 침묵하고 서 있었다.

봄비 · 2 외 1편

정 수 영

지구별 주인 예수님이
데리고 온 남풍
불쑥 따라나선 봄비가
겨울잠 자는 시내를 깨운다

겨우 내내
가슴속 깊은 곳에 자고 있던
내 님 향한 진한 그리움도
덩달아 따라나선다

봄비야 비야
멎어 다오
내 맘속 그리움도 강물 따라
심해로 가면
내 님의 얼굴조차 잊히리.

오동도

가냘프고 매끄러운 설대는
해풍에 보드라운 단발머리를 날리고
해송은 풋풋한 가슴 활짝 열고
두 팔 길게 뻗어
힘차게 하늘 떠받치는
오동도 작은 숲길에는
포세이돈
바다의 신이
뭍을 향한 그리움을
안으로 삭이지 못하는가 보다
철썩이는 푸른 파도로 변신하여
벼랑 끝에 부딪쳐 울부짖으며
진한 각혈 마구 토해
그리도 빨갛고 빨간 동백꽃을 피우고
또 피우는가 보다.

코스모스 외 1편

정 옥 화

고샅길
코스모스가 피었다

가냘픈 몸매로
부끄러운지 눈엽嫩葉처럼
아직도 청순한 눈매로 쳐다보고 있다

자꾸만 웃음 터지는
수줍던 소녀 시절
차마 말 한번 건네볼 수 없었던
그 막연한 사랑의 흔적
그대로 살아 있다

바라보다가 바라보기만 하다
바보처럼 웃었던
사진 속 내 모습 곱게 떠올라

가을이 가는 길목에 서서
흔들리는 코스모스는
어느 날을 그리고 있는 것인가.

사랑은

생각만 해도 설레임

말하지 않아도
보이지 않아도
느낄 수 있는 불꽃

가슴 열면 바람으로
내 곁으로 밀려온다

불현듯
보고 싶을 때
나뭇잎 하나 바람에 실려
창가를 스치듯
나를 눈뜨게 한다.

2023년 가을 단상 외 1편

정 윤 숙

앞산 노을이
단풍잎 우표로 붙여진
빨간 우체통이 되어
익어 가는 나이를 알린다

원숙한 당신의 모습
가슴 한편에 자라나는 당신
더욱 화려하고 후회 없이
연출하라고 늘 동행해 주는
햇빛과 구름 비 바람들

주렁주렁 달린
농부의 붉은 소망
아낌없이 응원하는
저! 들국화, 코스모스, 은행잎들.

위대한 아바타

별에 살고 있는 우리
별 같은 반짝임은
어디에 묻어 두었을까?

눈 코 입 귀 촉에 부착하는 스위치
분별이라는 키
키는 늘 좋고 나쁨의 무대에서
선택이 시작되고
한마당에서 소용돌이의 연속이다

이렇게 생각의 전선은
온몸으로 흘러
감정의 주파수에 따라
희로애락의 강약을 조절해 가는
우리는 개성 있고 창조적인
또 하나의 별을 찾아낸
화려한 아바타가 아닐까?

겨울 스캔들 외 1편

정 정 근

열애 중이다
아무도 모르게 끝내고 싶은데
들키는 거 시간 문제겠다

내가 먼저 틈을 보였다
잠깐인데 뭐,
그러다 그놈한테 딱 걸렸다

제깟 것한테 넘어갈 줄 알아?
그런데 그게 아니다
내가 그렇게 맘에 들었는지
뺨이며 귓불이며 목덜미에
뜨거운 열 확확 뿜어 목젖을 붓게 하고
골머리 지끈지끈
콧물 줄줄 나게 한다

앉으면 어지럽고
누우면 숨 막힌다
좋은 음식 대접하면 물러갈까
이불 속에서 실컷 놀아 주면 떨어질까
그것이 나를 안고 몸살을 한다.

내 컴퓨터

기둥서방이다
놀고먹어도 기세가 등등하다
나는 첫날밤부터 기가 죽었다
쓰레기를 물어다 놓으면 알아서 치워 주고
탈나면 치료도 해주지만
그는 어찌나 도도한지 쉽게 곁을 주지 않는다
그에 대해 좀 더 많은 것을 알아뒀어야 했는데
최소한의 소통만 하고 지내다 보니
첩첩산중이다
사람도 사물도 늙으면 고집만 세지는지
조금만 수틀려도 돌아앉는 화상
얄궂은 제 속 잘 짚지 못한다고
그는 나를 답답해하고
나는 그가 꾀까다로워 편편찮다
연을 끊을까도 생각해 봤지만
그마저 없으면 살아도 사는 것 같지 않고
놀아도 노는 것 같지 않을 것 같아
아직은 동거중인데
언젠가는 내가 그를 버리든지
그가 나를 떠나리라.

넝쿨장미 외 1편

정 정 례

 못 넘는 길이 없다는 듯 줄장미 여름이 담장을 넘어간다 궁금한 곳이 길이 되는, 붉거나 흰 꽃의 도로포장법이 여기 있다 발길 닿는 곳마다 여름인 것 같지만 아무도 줄장미 발을 들여다본 적이 없다

 몸은 안에다 두고 꽃은 밖을 보는 이유가 있다

 붉은 이유는 붉어서 뜨거울 것 같지만 여름을 참지 못하고 지는 꽃의 축이다

 어느 엉킨 전설에서 뚝 떨어진 꽃말이라는 듯 좁은 담장을 걸어가는 모양이 꼭 들고양이 같다

 암고양이의 눈빛이다 담장의 무게로 지나가는 오월에서 유월 사이 저 혼자 날카로워지고 뾰족해지는 가시가 있다

 꽃이 밖을 보는 이유 담장의 계절은 담장의 안쪽이거나 담장의 저쪽이다 불러들이지 못하면 털어 버리는 넝쿨장미 물 빠진 꽃잎이 담장의 안쪽으로 떨어진다

 담 안쪽은 사람이 그 꽃잎을 쓸고 저쪽은 바람이 쓸고 있다
 사람은 마음이 무겁고 바람은 가볍다.

온종일 서성이는

자꾸 서성이는 발 묶어 두고
흩날리는 머리카락 쓸어 놓고
멀리 던져 놓은 눈길이 흐릿해지고
두 손은 호주머니 속에 묶어 두고
온종일 서성이는 이곳은
첫사랑입니다

두근거리는 골목을 지나고
훑은 앵두 몇 알 손아귀에서
으깨어지는,
붉은 손끝의 지점인 이곳은
첫사랑이 지나가는 곳입니다

서성이는 일이 이렇게 숨차고
입술 마르고 하나의 심장으로 달리는데
수백 개의 발굽 소리가 나는 이곳은
첫사랑을 기다리는 곳입니다

올해도 작년도 내년도 아닌
불현듯 내리는 소나기처럼
지금은 첫사랑의 여름입니다.

그림자 외 1편

정정순

봄 햇살 그림자를 만들듯
그림자로 살아온 긴 시간

뒤에서 햇살이 비출 때는
내 그림자 밟으며 가지만

앞에서 햇살이 비출 때는
뒤에서 따라오는 그림자

나는 나를 알 수 없어도
그림자 속에 내가 보이네

세월만큼 변한
인정하기 싫은 나이가 보이네.

비운의 망초

어쩌다 그늘진
돌 틈새에
뿌리를 내렸을까

마음대로 안 되는
인생살이처럼
어쩌다 그런 삶을 살까

얼마 살지
못할 것 같은
너를 보니 가슴 찡하다

사람도 동물도
가슴 찡한 사연이 많겠지
비운은 언제까지 계속될까.

11월의 안부 외 1편

정|종|규|

네가 언제 다녀갔더라?
꽃은 언제 피었다 졌지?

네가 먹다 남긴 과일이
제법 향기롭게 썩어 가고 있구나

작은 입술로 아빠를 부르며 달려오던 게
언제였더라?

손깍지하고 공원을 배회하던 시절이
언제였더라?

한낮의 그늘이 한 뼘 더 길어지는데…

저녁 밥상 앞에 에둘러 즐거워하던 때가
언제였더라?

언제였더라?

강변에서

강변에 마실 나온 아침 햇살을
손끝으로 튕기며 놀다가

물결을 딛고 나는 물새 발자국을
의미 없이 세어 보다가

무릎 위에서 잠든 휴대전화를
툭 툭 흔들어 깨워 보다가

나와 한몸이 된 간이의자에
싹이 돋을 것 같아서

보고 싶다고 끝내 쓰지 못하고
쓸쓸히 돌아서는데

먼 곳에서 이별의 말이 메아리처럼
들려오는 듯했습니다.

꽃비 내리는 날 외 1편

정│진│덕

가슴 벅차오르는
이렇게 아름다운 세상

서둘러 달려와 세상을 떠들썩하게 온 하늘 수놓더니
이젠 지나가는 머리 위로 꿈꾸듯
눈 시리게 마구 쏟아져 내리는
연분홍 살구꽃잎의 황홀한 꽃잔치

꽃 슬쩍 흔들어 놓고 시침 떼고 숨 죽여 바라보는
샘꾸러기 꽃샘바람아

사슴이 시냇물 사모하듯 목마른 심령에
그래, 어여쁜 꽃비야 흠뻑 쏟아지렴

추운 겨울 지나고 예서제서 생명체들 꿈틀거리는 소리
온 산야 우렁차게 울려퍼지는 아침
푸른 종소리여
환하게 밝아 오는 이 땅이여

이른 봄 빗장 풀고 뛰쳐나온 나
빛부신 꿈을 꾸며 한없이 꽃비 쏟아지는
향기 속을
걷고 또 걷고 싶은 날.

꿈·33

광활한 꿈속
시간에 쫓기듯 바쁘게 움직이는
또 하나의 세상

그곳 사람들은 도대체 숨을 쉬며 살아가는 것일까
아님 전혀 숨 쉬지 않고 살아가는 것일까
의문이 주위를 둥둥 떠다닌다

인간이 지닌 감정과 감각 기능이
꿈속에도
여전히 느껴지는 것
떠올리며.

낚시 외 1편

정 진 수

흰 구름 산허리 휘감는
한가한 산마을 저수지 낚시터에서
떠도는 마음을 찌에 매단다

질기고 질긴 구애가
또 다른 나의 덫이었음을 알았을 때
요란한 방울채 소리는 물밑으로 사라졌다

투명한 산천어 꼬리를 흔들면
황금빛 갈대 검은 그림자와 춤을 추고

고독한 고립 속에서
세상 어디에도 귀속되지 않는 나,
물밑에 잠긴 깊은 사유의 물고기를
건져 올린다.

창 너머

아슴아슴 불타는 마른 장작 소리
들으며 찰나에서 영원으로 이어지는 상념의
불꽃을 바라본다

어느 해 겨울 날이었을까
세찬 눈보라로 길을 잃고 헤매일 때
날카로운 얼음 조각으로 찔린 심장을 도려내고
인공 심장으로 교체하던 날이

아무도 갈 수 없는 마법의 유리성
만년설이 녹아내리고 설원의 유빙이 떠도는
혹한의 바다를 항해하여야 한다

백합처럼 순결한 꽃이여
붉은 노을 져야만 창 너머 넓은 세상을
살아낼 수 있단다.

그리워지는 사람 외 1편

정│찬│우

인연이란 관계 속에
나는 보여 주지 않고
상대만 먼저 알려고 하는 세상에
나를 먼저 드러내 놓고
상대의 선택을 선별하는 습관이 있다

이는 거짓과 위선의 탈을 경계하며
순수와 진실과 정의만을 위한 선택의 삶이었다

이렇게 모난 삶에도
가는 사람보다 오는 사람이 많았으나
정녕 보내고 싶지 않은 사람 붙잡지 못해
그리워지는 사람이 있다

그 그리움에 지친 허전함과
충혈된 마음으로
기다림과 그리움의 끝자락을 부여잡고
목을 맨다면
가는 자도 보내는 자도
그리움으로 그리워질까.

눈높이만큼의 세상

키만큼의 높이에서
위만 보고 살아오다
프리즘을 매단 기둥을
하늘 끝에 세워 두고

세쿼이아 나무에 집을 짓고 사는
새들에 눈을 맞추니
세상은 온통 하찮은 것들뿐

나무가 허공을 향해 자라고
새들이 하늘을 향해 높이 날으는 이유를
이제야 알 것 같아

허공에 눈을 맞춰 수평을 이루니
그곳 또한 더 높고 더 넓은
또 다른 세계가 있음을 알았다.

흰 나비 발發 외 1편

정 하 해

벚꽃 노을이다
느릿느릿 정중해서 거기 맞춰 남하하는 것들

그 환한 둘레

당신이 꽃을 벗고 갔을 때
나는 그해 꽃들을 흉장에 염해 두었다
물감이 들듯
분홍으로 왈칵거리는 흉장을 서성이는 한 편의 당신

그럴 때마다 없는 사람 눈썹이 그려진
가방을 메고 소풍 간다
한번도 시도해 본 적 없는 그 없는 사람을 위해 눈썹 하나 닮은 채

왈가왈부 후두둑 꽃들 덮쳐

느슨해지기로 했다
강변에서
당신을 적었다
이렇다 할 내용 보다 그냥, 그랬으므로
훗날이라는 말
마땅한 저 말이 아플 때의 시기에.

통영이 통영을

바다가 바다를 놓고 들여다보는 거기

남해를 선적한 끝에는

까놓은 섬들이 조개처럼 박혀

살 속 깊이 들으라는 듯, 통영이 통영을 토영이라 부른다

계란찜처럼 부드러운 이유를 알겠다

토영을 연인처럼 껴안은 통영

순례자들이 그려 넣는 음표들이여

그것은 누군가의 기항지이자 몸들이다

통영이 토영을 가만히 데리고 섰다.

세월 따라 물 따라 외 1편

정 홍 도

연초록 날들
기억할 겨를도 없이 가고
가로수 잎들은 커피 냄새에 젖는다

추수 끝난 들녘은 곤포 몇 덩이
지난 태풍의 생채기를 담고
논둑에 앉아 시름 푸는데

마지막 핀 달개비꽃
하늘빛 따라 짙어지고
북서풍에 창문 덜겅이는 소리 일라치면
주마등처럼 지난날들이
무심히 뜯어낸 손거스러미처럼 아리다

풀숲, 우윳빛 향기로 마지막 가슴 여미는
한 송이 구절초
세월 속 계절은
그렇게 무심히 또 가나 보다.

하얀 영혼

천둥은 먹구름 속을 뒤집고
오늘도 어제같이 퍼붓는 여름 빗발
카트만두 계곡은 자맥질에 숨이 찹니다

긴 물줄기 봇물로 터지고
계곡은 강을 이루지만
태초의 빙하를 품고 말없는 히말라야의 설원
저 흰 영혼을
누가 흔들어 깨울 수 있습니까.

일몰 외 1편

정│홍│성

하늘을 높이높이 날던 새야
해가 졌다고 근심 마라

얼마나 많은 날을
허공 속을 허위허위
날갯죽지를 퍼덕였느냐

고단한 지친 날개를 접고 앉아
황혼에 물든 낙조落照를 보면
일만구천 구옥경이 모두 모여
일월도 빛을 잃었네

구태어 황홀한 삶을 탐하여
날개가 있다고 자랑하지 말라

아무리 세상 위에 군림하는 자라도
저 낙조에 비하여
어느 것이 더 아름다운가

바라노니 저 노을빛 아름다움을
내 심혼心魂 속에 담을 수 있다면
인생의 낙조도 저처럼 아름다우리.

고추 멍석

뒷마당에 멍석 깔아 붉은 고추 널어놓고
앞집 할매 뒷집 할매가
고추 멍석을 사이에 두고 얼굴을 말리며
앞집 뒷집 이야기와 동네방네 이야기까지
고추 멍석에서 같이 말린다

태풍에 망친 고추밭 이야기며
김장 배추 한 포기에 얼만얼만 한다는 이야기며
이것저것 주섬주섬 사돈네 이야기에서
며느리 손자 이야기까지 함께 말리느라면
어느새 햇살도 이야기에 팔려 졸던 눈을 다시 뜬다

이렇게 세월을 가을볕에 말리느라면
할머니의 얼굴도 대추알처럼 새빨갛게 물이 들고
비탈밭 밭고랑처럼 주름진 얼굴엔 해가 저문다.

별에게 물었다 외 1편

조덕혜

그랬다
그 밤에 맨발로 달려와
나를 기다리는 건
까만 하늘 무수한 별이었다
저 멀리서
다가서지도 못한 채
야무진 눈빛 고요한 숨결로
오롯이 그의 맥박 전하려고
아, 수만 광년
아니 더 천문학적 세월을 거슬러 왔다는
이 초월적 사랑을 어쩌면 좋을까
개미보다 더 무심하던 내게도
단 한 번 돌아선 적 없는 불변의 사랑이여
그대는, 충직한 그대는
선하고 찬란한 나의 밤 지기라오.

피어나는 것들

피어나는 것들은 숨을 쉬고
숨을 쉴 때까진 피어난다

하늘 한 줌 마시고 피어난 이슬방울도
가슴 한 줌 태우고 피어난 눈물방울도
태양의 숨결을 머금은 채
방울방울 숨 쉰다
숨을 쉬는 것들은 하루하루 피고 지고
여태 비실비실 시들어서 버리려는 것도
오늘 먼 가지 끝에 싹이 하나 움트니

피어나는 것들은 끙끙 속앓이를 견디고
일어서는 경건한 말씀이 살고 있다.

5월의 향기 외 1편

조 동 선

방울방울 맺힌 이슬들
장미 화려함에 문을 열고
신록의 물결에
내 가슴은 요동친다

그리움은 산천을 돌아
붉어진 그대 곁에 다가서고
멀리서 아카시아 향기
그윽하게 밀려온다

빨간 입술로
내 심장 훔쳐 간 그대여
긴 목 드리우고
사슴처럼 울렁인다

산새들 지저귀는
싱그러운 녹음의 대자연
5월은 향기에 취하는
사랑의 꿈길이어라.

꽃양배추

당신의 눈길 닿는 곳마다
추위에 활짝 피어
미소가 번집니다

사랑과 칭찬으로
삶에 행복을 더하니
거친 마음도 곱게 다듬고
좋은 인연 둥근 손길로
초지일관初志一貫 빛이 납니다

뜨거운 가슴이 닿는 곳마다
포용과 사랑으로
당신의 열정
발길이 머무는 곳
웃음꽃 둥글게 향기가 넘칩니다

머리끝에서 발끝까지
흠잡을 수 없이
추위에 옥으로 분장
꽃보다 예쁘게
희망 주는 육체입니다.

행복은 · 1 외 1편

조 병 서

경솔한 행동은
실수로 이어질 수도 있는 것
윗사람에게
흠으로 잡힐 수도 있는 것
조심하면
흉한 꼴을 면할 수도 있으며
명석한 자는
기회를 절대로 놓치질 않더라
금은보화가 아무리 귀한들
사람 건강만 할 수가 있을까
안 되는 것은 안 되는 것
다그친다고
수탉이 알을 낳을 순 없는 법
태양은 잠시 구름에
가려 있을 뿐 언제나 그곳에 있는 것
행복은
평범한 일상 속에 있는 것이니라.

행복은 · 2

그것은
아니다가 아니고
진짜 아닌 것이다
행복은
욕심을
채울 때가 아니고
욕심을 내려놓고
마음을
비울 때가 아닐까.

검은 바위와 소나무 외 1편

조 성 학

낙엽이 흩날리고 뒹구는 인왕仁王의 중턱
세찬 바람이 앉은뱅이 소나무를 흔들어 댄다
엎드려 흐느끼는 젖은 낙엽
바람은 자꾸만 어디 버티나 보잖다
난 굽힐 수 없대도

가시바람에 마디는 흔들려 쇠무릎이 되고
뿌리는 억겁億劫의 시간
돌이 되었다

오갈 데 없이 떠도는 바람아
대설大雪 눈보라 어디 한두 번이냐
십수 년 뿌리내린 검은 바위는
볼품없는 내겐 하늘이요 땅

모진 바람에 솔방울은 떨어져 뒹굴어도
뿌리는 억겁의 시간 천하를 얻었다.

동짓날의 어머니

동짓날 아침, 영하 14도
시베리아 한파는 고속도로를 타고
설악에서 한라까지
입산 금지에도 설악산 등반하다
얼어 죽은 남녀 산악회원
그 뜨거운 기운도 동지 한파는
이기지 못했나—행복한 사람들

한 해를 보내며 동지팥죽은 먹어야
어머니 젊은 날 치마폭 잡고
절에 가던 아들이고 싶어
신당시장 팥죽 한 그릇 사들고
눈보라 속 하늘을 본다, 어머니…!

이 혹한에 당신은 나를 낳았다
아홉 식구 저녁까지 해놓고.

싸만코붕어※ 외 1편

조 정 일

이걸 어디부터 먹을까
머리부터 먹을까
그럼 내장이 꼬리 쪽으로 밀리겠지
꼬리가 터질까
머리 쪽은 껍질이 두터워
잘 버틸 거야

붕어가 눈을 끔벅거린다
두 눈을 바퀴로 굴러가면 되겠다 싶지만 생각뿐
날고 싶지만 가슴지느러미가 너무 작아 엄두도 못 낸다

자비 없는 게 계속 베어 먹는다
이제 입만 남았다
살려줘 대신 입을 꾹 다문다
입술 사이로 선혈이 비친다
마지막 자존심마저
맛으로 즐기는 잔인한 혀가 감아 간다.

※싸만코붕어: 빙그레에서 생산한 붕어 모양의 아이스크림 이름

명주고동

바위틈
틈이 깊고 좁을수록 명당이다
갈퀴 닿지 않게 돌아서 들어가는 자리면 금상첨화
갑옷은 단단한 석회질로 빙빙 돌아 첨탑 꼭대기에 정점 찍는다
겉은 윤기 흐른 검은 진주로 밤톨처럼 감싸고
안은 푸른빛 도는 흰 진주층으로 광채 번지르르
물 잠방거리면 바위 언덕에 올라
갈파래 우뭇가사리 톳숲 거닐며
이것저것 쇼핑하는 재미
전망 좋은 자리에 앉아 돌이끼로 주전부리하면 꿀맛
돌돔에 보이지 않게 감성돔에 들키지 않게
조심이 제일이지
물이 쓸릴 때면 서서히 골짜기 깊은 곳으로 술래잡기하러 가지
꼭꼭 숨는 거야
저벅저벅 발소리
호미 갈고리 소리
바구니 자루 덜렁이는 소리
얼어붙은 발걸음 꼼짝 못하고
미역 잎 속으로 살짝 숨는다.

쉿, 해 보는 소리라고 외 1편

조 홍 규

언젠가
높은 대를 지어 누구도 존경하라고,
이런 거 세울 수 없다고 말하는 대신,
높은 대 한가운데 아무나 읽지 못하는 한자로,
아무라도 알아듣지 못한 뜻을 가진 크나큰 글자를 써 올려놓았다
사느라 글자 배울 수 없던 사람들,
그 뜻은커녕 읽는 것조차 어려워,
사람들 그 뜻보다 읽어 알지 못한다는 것이 두려워,
아름답다 하여 버렸다
높은 대를 지어 누구도 존경하라고 말하는 것 대신에,
사람들 읽어 뜻을 알지 못하는 한자로 적어,
사람들 입에 아름답다 오르내리게 하였다는 거 알았을 때에도
사람들 아름답다 하며 손으로 가르켜 그 본래 뜻을 알려 하지 않는다
읽지 못하는 글자로 써넣은 높다란 뜻은
크고 아름다운 뜻을 알게 하지 못한 채,
아름답다 말 듣고 높다랗게 걸려 있다.

※한때 한자로 쓰고, 한때 일본 글자로 쓰고, 다음에는 영자로 쓰고 사는 것을 볼지도 모른다는 소리

우리가 사는 방식

포장마차에서 닭발에 소주 한잔 한다
친구가 따라 준 소주가 쓰다
무엇에 열받았다는 이야기 옆엣사람 사연이고,
친구 이야기고,
내가 하는 말이고,

더러워진 대얏물에 소주잔 씻는 걸 보면
우리 집은 내 식구가 먹는다는 생각으로 음식 만든다는 말 섞이고 섞여서 들리고
사는 거 이런 거
옆엣사람 말이고 친구 하는 말이고 내가 지르는 말이고

모두가 아는 거 사는 거
안다고들 하는 사는 거
안다는데도 소리는 커져 가는 사는 거
옆엣사람 말이고 친구 말이고 내 말이고.

단풍 외 1편

주광일

천둥 번개 비 바람
빠짐없이 겪으며
곁눈질 한번 하지 않고
오직 제자리를 지켜낸
고독한 나무
이 가을 마침내
황금노을을
이루었다네.

겨울을 기다리는 가을

짧디짧은 이 가을에
나는 겨울을 기다린다

무슨 까닭인지
누가 알건가

그러나 나는 안다
겨울이 왔다 가야
새싹 움트는 봄이
올 수 있을 것임을

그러나 내년 봄이
나를 반가워할 건가

아무것도 모른 채
나는 새봄을 기다린다.

고추잠자리 외 1편

지 성 찬

해 질 녘 고추잠자리
꽃잎 물고 잠이 들었다

그 넓은 하늘을 날다
마지막 고른 자리

가녀린
다리로 짚은
작은 꽃잎이었다.

목련꽃 밤은

나무는 서성이며
백년을 오고 가고

바위야 앉아서도
천년을 바라본다

짧고나
목련꽃 밤은
찬장 젖은 손수건.

우연 외 1편

진진욱

게으르게 내리는 초여름 안개비가
우산 없이 게으르게 걷는 여인과
귓속말을 해댄다
한가한 오후 예정된 만남이 아닌
우연일 테지

우리가 그랬듯
우연히 만나 노을빛처럼 짙어지던
그와 나 사이
너무 뜨겁게 달구다가 언젠가부터
차가운 납덩이가 된 지 수십 년

다시 한 번 우연히 만나리라 믿었던
세월이 삭아 오늘 모처럼 안개비가
내리나 보다
그에게서 무슨 통지가 있나 하고
나 역시 게으른 걸음으로 길을 나선다.

펄럭이는 것들

펄럭이는 건 모두가 살아 있다는 증거
그림자도 그러하고
소리도 그러하고

살아 있는 건 모두가 깃발이다
태극기도 그러하고
새마을 깃발도 그러하고

움직이는 건 모두가 생명이 있다
더러는 돌멩이도
물결은 더더욱

우리는 여태껏 죽지 않고 살아왔었다
그리고 살 것이다
죽은 후에도 살 것이다

동해물과 백두산이 마르고 닳도록
우리 또한 모두
깃발이 되어 펄럭일 것이다.

마음속의 작은 혹 외 1편

차영규

숨겨 둔 응어리를 풀어야 할지 말지
내밀기 어려우며 닫기도 힘들다네
가슴속 깊게 묻고서 살아가야 하는지

떨치고 지나가면 가볍긴 하다마는
가리고 지내기엔 무겁고 버겁다네
누군들 비우고 살면 편안한 줄 모르나

밝히지 아니해도 스스로 열릴까나
알려서 편해지면 좋기는 하다마는
세상이 칠면조 같아 오금 졸여 못 푸네.

토왕성 폭포※

안개비 하늘하늘
길게도 휘날리며
바윗돌 목마를까
한 점의 소리 없이
조용히 내려앉더니
촉촉이 입맞춤해

휘어진 곡선 자락
음지 쪽 자리 잡아
자신을 내려놓고
수줍어 몸을 낮춰
끝자락 끊이지 않고
낮은 곳 찾아가네

거울이 없다 해도
천상 선녀 모습으로
부드러운 흰 머릿결
감췄던 그 비경을
이제야 모습 내밀고
춤사위 펼쳤을까.

※설악산 내에 있는 아름다운 폭포

여섯 시 외 1편

차 용 국

창 너머 펄럭이는 은행잎 사이로
파닥파닥 뛰고 있는 은빛 물고기

한줄기 검은 대로는
뜨거운 강물이었다

캄카스산* 독수리가 간을 마구 쪼아대고
날카로운 핏빛 부리에 해체되는 낱말들

오늘도 핀셋 꺼내서
날개 한쪽 도려냈다

벽걸이 시침 분침이 1자로 누운 저녁
눈 감고 귀 막고 허기진 강을 건너

등 굽은 하얀 달빛이
언덕배기 오른다.

※그리스 신화의 코카서스 산

혁명을 꿈꾸다

말은 저마다 숨결이 있어서
본래의 독특한 질감으로 꽉 차 있고
새로운 속성이 어우러져 포개졌다

말과 말이 만나 출렁이는 세상은
찰지고 역동적이어서
그 깊이와 넓이를 알 수 없었다

나는 말과 말 사이에서
매혹적으로 돋아나는 신비한 숨결을
오래도록 바라보았다

말은 생각과 감성을 휘젓고 돌아다니며
삶의 방식을 바꾸고
새로운 문화와 사회적 위계를 만들었다

진정한 혁명은
말이 바뀌는 것이다
나는 혁명을 꿈꾼다.

밥상머리 외 1편

채명호

겨울이 묵고 있는
부잣집 감원에는

까치밥
많이 남겨
새들의 잔치로다

주신 정
고마워하며
소곤대는 저 소리.

겨울 산

나무들 옷을 벗겨
혹독한 훈련인데

찬바람
눈비 오면
저리는 가슴인가

대장의
호각 소리가
들리는 듯하구나.

조사釣師·2 외 1편

최경구

새벽 찬 서리
파라솔에 가볍게 올리고
낚싯대를 수초 가까이 펼친다
해는 동녘 산을 서서히 오르고
새벽녘 조사는 헛 챔질 물결 출렁
저수지에 비친 빈 마음만 보내며
오수의 한낮을 즐긴다

그래도 기다리는 즐거움 누가 알랴!

조사釣師 · 3

밤이슬 차가운 달
수면에 서서히 비치면
낚싯대를 건너편 고목 가까이
소쩍새 울음 수면에 고요를 재우고
긴 밤에 챔질을 기다린다

파문에 솟았다 가라앉다 찌 놀림 소식
수면에 오른 재빠른 빈 챔질 허공을 가르고
기다려도 임은 수줍은 얼굴 내밀지 않네
서산에 달 기울고 빈 어망만 들어 올린다

어쩌란 말이냐? 그리운 밤 다시 오마.

날것의 시詩 외 1편

최 | 경 | 호

청마 시를 좋아하는 다 큰 가시내 만나러
강창 다리 건너 대구의 서쪽 끝 문양역汝陽驛엘 간다
노인들이 주말마다 쌈짓돈 몇 푼 넣고
느릿느릿 올라오는 지하철 문양역은
하늘과 땅이 터져 산은 산대로 물은 물대로

까마귀 허옇게 우는 허허한 들판에서
낙동강 건너가는 노을 한 자락
우리는 누구인가 '사이'를 두고 병째로 마시다가
산모롱이에선 초승달이 지려 하는데
무명 시인 둘이서 결판낼 시詩는 나오지 않아

살은 살로써 베어야 하고
시는 시로써 달빛 날것으로 짜야 하는데

눈치 없는 안주인은 밝지도 않은 알전구를 켜고 웃는다
소주 한 병 더 가져올까예,
낙동강물이 달빛 사이를 흐르고 있었다.

황매산 진달래와 순결바위

황매산 진달래는 봄마다 몸살이다
진달래가 가장 아름다운 날 바람의 신이 채어 간다는
전설 따라 산동네는 가출 바람
진달래, 속으로는 이웃집 머슴 순결바위 연모하여,
황매산 줄기 몇을 안고도 남을 안으로의 붉음으로

기다릴 것인가
떠날 것인가
원래 순결純潔이란 두 가지 마음이어서
천 길 낭떠러지 일렁이는 진홍 물결에
차라리 낙하를

순결바위도 마음은 둘이다
기다릴 것인가 떠날 것인가
망설임도 크면 상처가 되는지 상기도 떠나지 못하는
황매산 진달래와 순결바위.

친구 생각 외 1편

최 | 계 | 식

"푸른 하늘 은하수 하얀 쪽배엔
....
샛별이 등대란다 길을 찾아라."

한 세월 첩첩 그리운 사연
한 줄 시에 담지는 못하고
긴 사설로 쓰고 또 쓴다네

"가나다라마바사아자차카타파하
하파타카차자아사바마라다나가
....
....
....
....
....
가나다라마바사아자차카타파하
하파타카차자아사바마라다나가."

가시박 보고서

시쳇말 투로 잡풀 씨알이라 쓰고 인간 말종이라 읽는다
이 말투가 기분 나쁜 사람은
가시박 가시상추 단풍잎돼지풀 도깨비가지 돼지풀 물참새피
미국쑥부쟁이 서양금혼초 서양등골나물 서양미역취 애기수영
털물참새피 중에서 어느 씨알 하나라도
모양새 잘 아는 눈썰미 가진 사람은 굳이 나쁠 게 없다
금수강토 비단결 위에 그러나
아로 수놓는 사철 변환을 어지럽히지 마라 안 된다
절대로 귀화 쉽게 안 할 가시박 무리들
난개발 짓거리로 조금만 노지 빈틈을 줄 것 같으면
기고만장 토생풀 얼씬도 못하게 되레 그 기세로
염치 불고 군락지를 이루며 생태계를 휘젓는다 그래도
개망초 개쑥갓 달맞이꽃 도꼬마리 망초 붉은서나물
비짜루국화 서양민들레 큰달맞이꽃 흰명아주 등은
제풀로 터잡기 하여 특산 본토배기들과 어울려 친근하다
어찌 사람 사는 세상이라고 다르랴
나라별 순혈주의 말씨로 무리를 이루는 인간 세상
가시박들처럼 그런 짓거리
풀들이 사는 법으로 같은 말투로 사는 법은 안 된다
어쩔거나 잡풀 씨알이라 쓰고 인간 말종이라고 읽는다.

그리운 별 외 1편

최 광 호

그리움에
시가 되고

그대 음성은
늘
내 가슴에 파도가 되어
슬픈 시를 노래 부른다

그대 그리워한 상흔
아픔으로 그리워하며
못 잊을
그 모습
늙어 가는 세월에도
이 가슴에 강물처럼
그리움으로 흐른다.

정情

그 눈빛
그리운 정염
가슴 깊게
노을로 탄다.

귀촌歸村 외 1편

최│상│호│

투막집 너와집에서 나고 자란 숱한 이들
드난살이 끝내고서 하나둘 깃드는 일
하늘로
돌아가기 전에
뿌릴 찾는 것일까?

의식주 넉넉하면 고향을 떠났을까?
유학도 몸부림도 궁여지책 하나였지
웬만큼
이뤄낸 다음
돌아갈 곳 고향뿐

돌담집 뒤란에는 장작더미 쌓아 두고
툇마루 끝에 앉아 동구洞口를 바라보며
촌로村老는
목을 뽑는다
귀도 쫑긋 세웠다.

자각몽 自覺夢

하늘 땅이 뒤집히는 깬 상태로 꿈을 꾼다
노을이 새하얗고 구름은 시커멓다
백성은
무조건 옳다며
혓바닥이 둥둥 떴다

오랏줄 묶인 채로 목청껏 소리친다
뒷짐 진 고관대작 왼고개 치다가도
소통은
경청이라며
짐짓 고개 숙였다

선홍빛 영산홍에 한 소쿠리 새하얀 꽃
민낯에 재 묻은 듯 부릅뜬 눈 붙박힌다
보면서
믿지 못하는
연극인 듯 꿈인 듯.

단풍 외 1편

최 영 균

온 산하山河 삶의 노래
아롱져라 칠보七寶 엽서葉書

잎잎에 새긴 사연
둘둘 말아 봇짐 메고

홀로 갈
먼 나그넷길
가며 쉬며 보고지고.

있잖아요

꽃들은 활짝 웃고
개울 노래 감미론데
내 눈은 가물가물
귀청도 멀어지네
모두가 절벽 강산여도
푸른 꿈눈 있잖아요

꾀꼬리 뻐꾹 노래
새록새록 청 고운데
내 목청은 그렁그렁
녹슬은 생철통
인후가 목청을 잃어도
푸른 시詩가 있잖아요

초목들은 나날이
싱그러이 젊은데
머리엔 매양 서리
얼굴은 검버섯 밭
몸마저 동장군이 삼킨들
푸른 혼불 있잖아요.

사랑 · 1 외 1편
—시인

최 완 욱

나를 사랑해야 하는
너를 사랑해야 하는
너와 나, 우리를 사랑해야 하는
하여,

나와 너를, 우리를
세상 모든 것을
사랑해야 하는
당신.

사랑 · 2
―이별

그리웁다가 미웁다가

미웁다가 그리웁다가

돌아보면

굳어진 언어

향기 없는 화석花石의 몸짓.

산도라지 꽃 외 1편

최유진

심산유곡深山幽谷 오솔길에서
바람 소리, 산새 소리에
마음을 열고
수줍은 듯 몰래몰래 피는
산도라지 꽃

함초롬 맺혀 있는 꽃잎에는
별빛 무늬가 새겨져 있고

잎새마다 아롱아롱
이슬방울은
청아하고 고운 소리로
아침을 굴린다

꽃잎 속에서 새어 나오는
해맑은 시간
그 아름다운 시작을 위하여
산도라지는 오늘도
싱그러운 꽃을 피운다.

안목항에서

다시 찾아온 추억의 바다
아름다운 안목항
방파제에 피어오르는 해무海霧 속으로
끼룩끼룩 갈매기가 날아오른다

파도는 천년을 울부짖어도
목조차 쉬지 않았는데
언제 찾아와도 나를 반겨 주는
그리운 바다는 지금도 옛날처럼
푸른 가슴을 열어 놓는다

푸른 물결 위를 걸어 보고 싶고
철썩이는 물결을 만져 보고 싶고
맨발로 백사장 위를
신나게 뛰어가 보고 싶고…

조개껍질 속에 숨겨져 있는
유년 시절의 추억이 쏴아 쏴아
파도 소리로 쏟아져 나오는 안목항
여기에 발이 묶여 떠날 수 없는 나는
안목항 파도 소리로
오래오래 남아 있고 싶다.

국화꽃을 피우다 외 1편

최 | 인 | 석

갈바람에 한 송이 안고 있다
초록빛 한 올 한 올 이어서
한 잎 한 잎 여린 꽃잎 엮고 있다
시린 이파리 사르르 떨며
노란 향기에 코끝 벌름대고 있다
눈동자 마주하자 갸웃
허공에 눈을 돌린다

한기에 고개 숙인 잎사귀
연둣빛으로 감싸 안으며
꽃망울 애무하듯 볼을 비빈다
울 넘보는 햇살 부끄러우면서
은근한 눈길 입을 맞춘다
촉촉한 입술에 어른대는 가슴
잎 사이로 그늘만 남겼던가

한 송이 푸르게 받치고 있다
가을 향이 배어든 볕살을 실은
또르르 구르는 이슬 한 방울에서
무구無垢한 꽃송이의 영롱한 눈망울을 본다
노란 꽃잎에 함초롬 젖은 마음
서로는 두 팔 벌려 안고 있다.

관계 關係

문을 열어 들길을 본다
서로가 기대는 모습을 본다

낮은 풀잎 여리게 흔들리고
미풍이 잎자루에서 가파르다
잎은 나부끼며 푸르러서
꽃잎 향기 바람에 싣는다

백사장은 강물에 부대끼며 부드러워
여울물 잔잔히 흘려보낸다
구름에 싸인 솜털 같은 준령 넘어
수평선까지 이어지는 바다
하늘은 파도에 품을 내주고
물결은 출렁이며 속살을 보여 준다

어슴푸레 이어져 보이는 들판 길
빗장 풀어서 마주하니
그늘진 문간 구석마저 환하다.

동구 정자나무 외 1편

최 | 정 | 순 博川

커다란 가지 쩍쩍 벌리고 잎 틔워
하많은 세월 품은 마을 정자나무
동네 어귀에 일백 년 말없이 서
오가는 사연 모두 안고 있었지

매미 소리 소나기처럼 쏟아지고
태양 열탕에 숨 턱턱 막히던 날
전기톱 괴물에 굵은 허리통 잘려나가
몸뚱이 기둥 되고 팔다리 지붕 되어
팔각정으로 변했지

마을 정자나무처럼
세월도 인심도 변한 시골
옛것과 정 버리고
노닥이는 늙은이들 감싸 안고
매연 뒤집어쓰고 오는
마을버스만 망연히 바라본다.

춘난 春蘭

척박한 고산지대
바위틈서 날아와
봄이면 산기슭 양지에
분홍과 흰색으로
인생의 출발을 알리는 너

평북 박천 땅 떠나
인생의 숲길 잃어
넘어지고 자빠지며 산 삶
살아남기 위해
격렬한 파도에 맞서고
뒤틀린 소음 털어내다
분노로 바뀌면
너를 보며
아버지는,
늘 인생을 새로 시작했다.

화폭의 선점 외 1편

최 정 은

밤을 뒤척이다
몸을 일으킨 마음 밭
선점 찍을 화폭은
어디다 펼칠까

생각의 꼬리를 물고
이 방 저 방 오가며
갈피를 못 잡고
서성이는 밤

뚜벅
뚜벅
뚜벅

그림은 갈 길이 먼데
시계의 잰걸음은
또 하루
아침을 밝히고 있다.

달빛 데이트

잔바람조차 없는 고요한 밤
몇 줄기 빛이 거실 높은 창를 뚫고 들어오네

집 앞 가로등도 못 들어오는 창을
눈썹달은 발돋움도 없이 잘도 들어오네

늦은 밤 서성이는 내 자투리 잠을
들여다봤는지 실눈 뜨고 동무하자네

꿈길 뒤척이듯 함께 걷던 눈썹달
짧은 걸음 긴 여운 남기고 보이지 않네

돌아보니 운무 피어오르는 산등성이에
보일 듯 말 듯 손 흔들고 있네

나도 날개가 있다면 동무 따라 훨훨
구름 안개 속으로 날아가고 싶네.

얼굴 외 1편

최진만

할머니 살고 있던 지붕에
박꽃이 할머니같이 하얗게 웃더니
한가위 동산에 솟는 달처럼
녹색 문 열고 살짝 내민 얼굴
아득하게 잊어진 그 사람을 닮았다

지난여름 내내
어버이 같은 당신 손길로
얼마나 어루만져 주었길래
저토록 세상을 향해 환히 웃으실까

떠난 고향 돌아와도
외롭다 말 아니하고
제자리 지켜 내는 얼굴 하나
햇볕보다 더 눈이 부시다.

삼꽃 봄 봄

경칩 지나 개구리 소리 여운으로 남아
봄 부르는 전령사
하얀 목련꽃을 바라보네

고향 마을 계곡에도 산그늘 밝아 오고
핏빛 진달래 쓴웃음
흙밭이 얼음이 다 녹겠네

개나리 섬섬이 꺾어
울밑에 심고
마른땅 촉촉이 적셔 죽을까, 혹시
애태우던 동심

어느덧 고희 지나
올봄도 덧없는 세월
오늘따라 시계 초침 소리 선명도 하네.

※삼꽃: 진달래, 개나리, 목련

주름 외 1편

최 창 일

눈가에 살짝살짝 번지는 주름은 고혹적입니다
산삼의 가느다란 뿌리를 볼 때면 뻗어 나간 눈주름처럼
뜻깊은 세월의 부분이구나,
인생의 보고서를 보는 것 같습니다

기쁘게 추억하는 것
부드럽고 무른 것이 만드는 주름은
파고의 세월을 담아낸 형형들입니다
할머니의 목주름은 손주를 사랑한 흔적들입니다

그 목과 손등의 주름은 뜻밖의 일들을 이겨낸 기록입니다
그 주름들, 두 눈을 질끈 감아야 하는
시간 속에서 슬프거나 기쁜 날의 이야기입니다.

주도권

내 하루의 주도권을 갖지 못하면서
타인의 주도권을 가지려는 것은 욕심일 것이다

짧은 시간, 내 생의 주도권만이라도 단단히 가진다면
그것은 세상 주도권의 책무를 다하는 것이다.

운봉산 외 1편

최 형 윤

화강암 기반암 위
현무암으로
뒤덮인 운봉산 화산체

수백만 년 켜켜이 쌓인 시간
풍화 침식으로
부서져 내린 주상절리 덩어리들은
거대한 돌강 이루고

전설의
운봉장사가 빚어 놓은
주먹바위, 병풍바위,
말안장바위와 얼굴바위는
영원한 지킴이

찾는 발길 발길마다
경이롭고 신비로움에 멈추고
미륵암 목련, 용천사 벚꽃도
발길 불러 들이고 있네

속정 깊은 아버지 가슴
말없이 넉넉한 마음으로
이들을 품고 있는 운봉산
그 기품 드높아라.

나그네

이른 새벽
불그무레하게
피어오른 밝음이여

한낮 되어
찬란하게 꽃 피우고
열매 맺게 하더니

서서히 길어져 가는
그림자 뒤덮인
텅 빈 들녘에
소슬한 바람만 홀로 있네

어스름 내리기 전
눈썹 같은 그믐달
가슴에 안고

서산마루에 걸터앉아
지친 몸
잠시 쉬어 가는
나그네이어라.

밥 외 1편

추 경 희

오랜만에 짓는 돌솥밥
설익은 쌀을 익히고
약한 불로 뜸을 들인다
남은 열기는
밥 눈물로 흐른다

한 끼 무게만큼의
밥 냄새
내 콧등을 스치면
무엇인가 이루어 낸 기분이 든다

같은 시간 속 다른 느낌
삶의 순간이 다르듯
매일 밥을 지으면서도
때마다 다른 밥을 짓는다

오늘 아침밥은
제법 밥다운 밥을 지었다
다행한 일이다.

고니

포근한 날갯짓으로
계절을 품고 있는 너는
하얀 눈처럼 곱다

너는
때맞아 찾아든 이곳에서
심장이 멈춘 듯
사색의 공간을 만들고
아름다운 자태로
한땀 한땀 수를 놓는다

너의 우아한 매무새는
사방이 감전되듯
맑은 빛을 토하고

사뿐히 내려앉은 언덕에는
옛 선인의 서체로
단아함이 자리를 잡는다

지금 이곳은
시리도록 아름다운 상고대
너는 모두의 연인
이 순간
너는 이곳의 주인이다.

폭설 외 1편

추 영 호

이쯤 지났으니
한 번쯤 일탈한다고 누가 뭐라 하겠는가

잊은 듯 살아오면서도
저 밑에 아직도 웅크린 첫사랑 그녀를 불러내
40년 만에 내린 폭설로 온통 묻혀 버린 무등산 골짜기
측백나무 숲 방갈로에서 한 열흘쯤 푹 파묻혀 본들
누가 뭐라 하겠는가

세상은 온통 고요하고
가끔 길 잃은 청설모 산토끼가 창밖에 왔다갈 뿐
아무도 찾지 않는 순백의 세상에서
그녀는 나를 위해 고소한 된장국을 끓이고
나는 그녀를 위해 흘러간 LP판을 고르면서
은은한 벽난로에서 피어나는 커피 향을 즐긴다고
누가 뭐라 하겠는가

혹여, 하릴없이 늙어 가는 이 몸 찾느라
전화질 해대는 아이들이나 마누라 그냥 무시하면 또 어쩌랴
자질구레한 세상사 잡동사니 모두 흰 눈 속에 파묻고
오직 그녀와 한 열흘쯤 푹 파묻혀 살아보는 것도
종심縱心에 대한 하늘의 보은일지니

하얀 세상인데 누가 뭐라 하겠는가.

억새

사랑에 환희도 이별의 눈물도
없습니다 다만,
세월을 미는 절규일 뿐입니다

보세요, 바람이 잠시 멈추면
모두 한 쪽으로 얼굴을 돌린 채
하얗게 지친 가을이 있지요

차라리 그것은
억세게 쫓겨가는 인생들의
저항의 깃발이라 부르고 싶습니다.

웅얼웅얼 찔레꽃 노래 외 1편

하 재 룡

어머니는
노래를 못 하시는 줄 알았다

한번도
노래하는 모습
뵌 적이 없었으므로

요양병원에 누워 계실 때
망연히 혼자 웅얼웅얼거리시던
찔레꽃 노래

아, 아 어머니는
정말 노래를 못 하시는 줄 알았다

세상에서 가장 아름답게 울려오던
웅얼웅얼 찔레꽃 노래
지금도 마음 저 깊은 곳, 떠돌고 있다.

라일락꽃 피면

4월이 오면
동숭동 마로니에공원
라일락꽃 핀다

반독재 외치던
분노의 젊은 함성
미라보 다리 건너고

시국과 사랑 인생을
논하던 선술집의 밤
깊어 가는데

라일락꽃 향과 함께
청춘들의 사랑도
익어 간다

라일락꽃 피면
떠오르는
젊은 날의 추억
아, 잔인한 계절이여.

시간의 파편 · 1 외 1편

하 지 영

시간은 흐르는 것인가
변치 않는 하늘에 녹아 있는 것인가
저 하늘에 영혼이 오르면 과거로 갈 수 있는 걸까
살아 있는 생명은 알 수 없는 미지의 세계
낙엽 떨구고 겨울나면 새 생명 품는 이치로
한세상 살다 다시 태어날 꿈
그것이 부활이든 윤회이든 죽음의 관문이 두려운 건
인간이기 때문인데 인간이기 때문에 인간만이
시간의 소중함 아쉬움을 알아
시간 속에 늙어 가는 피부결을 바라보며
시간이 참 빨리도 흐르는구나 하고
이 세상을 살다 간 보이지 않는 흔적들을
차가운 옷깃에 구겨 넣고
고요히 흐르는 청 청 하늘만을 무심코 가슴에 쓸어 담는다
시간은 흐르는가 재깍재깍 소리 내어 달리는가
보이다가 보이지 않을 너와 내가 시간인가
우주 만물 속에 한 줄기 빛으로 왔다가 사라질
우리의 생명, 그 생명은 어디로 흐르는 것인가
시간이 조각조각 허공에 떠돌고 있다
1,2,3,4,5,6,7,8,9,10,11,12
시간이 허공에 흩어져 거꾸로 날고 있다
우리의 모든 시간들, 나의 시간들이
내 소중한 흔적들을 여기에 묻고 떠나가고 있다.

시간의 파편 · 2

바람은 몹시 불어대고
그는 슬금슬금 다가오고
빛난 하루를 자루째 넘기며
자꾸 근접한 시선으로 나를 괴롭힌다
시간을 말아먹는 시간
좀처럼 가까울 수 없는 모든 것들
상처가 되는
이런 게 모두 지나간다면
얼마나 좋을까마는 바라지 않으련다

시간은 파편투성이
빨간 혈액은 하얗게 씻겨 가는 것
잊을 건 잊으면 되니까
어차피 모든 건 지나가니까
빗줄기는 거센 바람처럼 쌩쌩 내리고
그는 살금살금 멀어져 가고
닥치는 대로 정열 불사르던 지난 한 세월
시간의 파편은 불 튀기듯 가슴에 서성이고
심히 얌전 내성적인 사람들이 거칠게 익어 가는 세상
긍정의 시간들로 채워 가는 현명한 사람들
시간의 꼬리마저 알뜰히 쓰는 그는 점점 내가 되어 가고
바람도 빗줄기도 어느새 시간의 파편 속에 녹아
세월 속을 헤엄치는 것조차 한 줄기 빛이어라.

산내山內 가는 길 외 1편

한 병 윤

팔 벌리면 닿을 듯한
좁은 산길 빙빙 돌아
산내 가는 길은
산바람이 앞장선다
해종일
그늘에 덮인
물소리도 차갑다

등 떠미는 바람 손에
잡목잎 번쩍이고
산까치 산을 깨워
산품 열어 맞는 마을
산문에
걸린 햇살이
슬그머니 사라진다.

고사목枯死木

먹이 찾던 산새들이
나래 접고 쉬던 자리
골무처럼 감기는
침묵의 세월 속에
못다 쓴
푸른 자서전
하얗게 굳어 있다

비바람 세월 속에
깎이고 삭은 살점
하늘 향한 마른 손짓
한恨과 원願을 날리며
오늘도
산정山頂에서 서서
회고록을 쓰고 있다.

여린 맘 달래려고 외 1편

한성근

뒤섞여 왁자지껄하던 거리를 벗어나와
인적 끊긴 산문山門에 다다르니
발 아래 사람들이 그림자를 안고 멀어지는 사이로
가파른 능선은 자꾸만 나를 잡아당긴다

보일 듯 말 듯 먼발치에 우두커니 서 있는
큼직한 빌딩들은 성냥갑처럼 작아지고
눈앞을 촘촘하게 가로막던 차량들도
어느새 흔적 없이 꼬리를 감추는데

고즈넉한 정적 속에서 무릇 방향마저 잃어버린 채
상처 입은 모양새로 골똘해지다가
둘 곳 없어 더욱 헐렁해진 마음 담아
고단한 삶일지언정 잊힌 듯이 저울질해 보면

번뜩이는 눈빛들의 한숨짓는 소리에
차가운 한뎃잠 속으로 벌물 켜듯 무시로 들이밀어
어디로든 발걸음 옮겨야 하리라.

종점에서

바람도 명상에 드는 시간
지붕 위에 내려앉은 달빛이 교교하다
예까지 후줄근히 와서도
잠들지 못한 사람들이 졸린 눈을 비벼 대며
어둠의 손잡고 고샅길로 접어드는
저 오래된 고독에 절은 뒷모습을 보아라
돌아보면 어디선가 벅적대던
구름 떼 같은 부지런한 인생들이 기웃대다가
누군가의 발끝에서 뒤척거린 신음 소리 울릴 때면
삶의 의미 새김질하며 허우적거리고 있을 게야
밤은 아무것도 기억하지 않으려는 듯
보이지도 않은 미로를 궁금해한 채
머지않아 타오를 아침 햇살 생각하겠지
지평 너머 어디로든 소망도 없는 얼굴을 돌려
우물처럼 깊은 속셈 내려놓지 못하는데
순식간에 추락하는 제 그림자 부여잡고서
무언의 세월에 둘러싸인
은빛같이 환한 몇 겹의 허공을 본다.

끝과 시작 외 1편

허 | 만 | 길

생글생글 장미 웃음 아름다움으로
나를 찾은 그 별빛은
일억 광년 전 먼 길을 떠나왔단다
꽃단장 몸매에는 담뿍 뿌린
향수가 아직 조금 남아 있었다

기어이 오고 보니
지금 그 자리에 있을 제 모습이
차마 그려지지 않는단다

고비사막 회오리바람으로 올라
서울 하늘 둥둥 뜬 누른 먼지도
그러하거니와

모든 것은
이른 봄날 매화가지 끝에 날아와 앉아
언제인 듯이 다시 훌훌 어디론가 날아오를
참새의 한순간 호흡처럼
끝자락과 시작 자락이 같은
거기에 있는 것.

혼자 바닷가에 서면

혼자 바닷가에 서면
어릴 적보다도 더 먼 옛날
아련히 새겨 둔
그리움을 만나는 듯하다

가까이는 다가서지도 않고
항상 멀찌감치에서
수없는 세월을 지키듯
하늘 끝닿는 데도 없이
한없이 퍼져 있는
내 그리움의 먼 바다

혼자 바닷가에
하염없이 서면
비로소 수억 년도 더 된
수많은 하늘 다리 건너
아련한 나의 그리움의 바다로
커다란 꽃이파리 뗏목 하나 놓인다.

용궁사 가는 길 외 1편

허 상 회

산허리 돌고 돌아 돌계단 내려 걷는
청정 바다 넘실대고 풍광 좋은 용궁사
기원 맘
염원하는 발길
수도 없이 찾아가는

불심이 없어도 바다 좋아 이끌려 가는
신선한 절, 가족들 친구들 함께하는
두 눈에
선명한 최고 절
앞장서는 내 발길이여!

※ 경남 기장군에 위치한 바다(용궁사)

인생 연가

뜬금없이 왔다가

바람처럼 구름처럼
한순간 머물다가

미련의 그리움만 남긴 채

한 계절 스쳐 가는

내 모습마냥.

이 또한 기쁘지 않은가 외 1편

현 영 길

저녁노을 앞
흐르는 강줄기 너
어디로 왔다. 어디 가는가?
세월 흘러가듯 너도 흐르는구나!
멈출 수 없는 세월 흐름 정말 빠르구나!
세상 울음 왔다가, 웃음으로 가는 인생
이 또한 기쁘지 아니한가?
이 땅 기쁨, 슬픔 흐르듯 인생 흐른다
다시 돌아올 수 없는 그 먼 세월 강
인생 강 앞이 또한 흐른다
내 가야 할 저 본향!

고맙다, 사랑아

넌, 항상 웃고 있구나!
내가 힘들 때 찾아온 너!
때론 방황할 때 위로해 준 너!
삶 지쳐 한숨 쉴 때 임재한 너!
난, 너에게 받은 것 너무 많은데,
난, 무엇 그 은혜 갚을 수 있을까?
마음 평안으로 오시는 사랑아!
언제나 함께해 준 사랑아!
세상 반짝 별 벗 비교할 수 있는가?
세상 달빛 어찌 벗 사랑 비교할꼬?
난, 오늘도 사랑 목이 메어
무릎 꿇는다.

어머니와 고향 외 1편

홍 건 석

내 어린 시절
어머님이 기다리던 고향 마을

돌과 흙이 듬성듬성 이빨 빠진 담장엔
담쟁이넝쿨이 그물을 엮었지

꽃향기 바람에 흩날리면
햇살 사이 우거진 초목 더욱 싱그럽던
순백의 해맑던 시절이
두근두근 가슴속에 살아 움직이네

비단나비 꿀벌들 날아와 머물다 가고
몸집 큰 누런 황소 뚜벅뚜벅 발소리에
가을이 익어 가던 고향

오늘도 동구 밖에서
어머님이 여전히 날 기다리실까

후미진 어귀를 돌자 불현듯
어머님, 날 반기며 나오실 것만 같다
그러나 빈 바람뿐이다.

나의 소망

내가 그림을 그린다면
기쁨도 슬픔도
아름답게 그리고 싶다
손잡고 오르던 청산도 그리고
녹수도 그려 넣고
새소리 물소리 들리는
그런 그림을 그리고 싶다
내가 추억의 그림을 그린다면
남산의 눈길을 함께 걸었던
그 발자국도 그려 넣고
비 내리는 영동교도 그리고 싶다
내가 화사한 그림을 그린다면
성내고 미워하던 얼굴도
웃음이 물감처럼 번지는
그런 그림을 그리고 싶다.

한해 마지막 날에 기도 외 1편

홍계숙

새해 첫 시간
따스운 가슴으로
당신의 기쁜 자 되겠다고
두 손 모으고 다짐한 기도

가난한 마음으로
한해를 보낸 슬픈 회한
사랑으로 보듬으신
주님이시라

묵정밭 일구어
택하신 소망 심고
기도로 물 주며
꽃 피우렵니다

올해의 마지막 날엔
감사가 넘치는
은총의 기쁜 눈물
감사 기도 드리길 원합니다.

첫 시집
―그리움·1

우체부가 아니 가는 곳에
바람도 쉬 닿기 힘든 곳에
당신이 있기에
첫 시집 한 권
구름에게 부탁하여 부칩니다

낡은 돋보기 아니 들고 가셨지만
별빛, 달빛 속에서 읽어 주시겠지요
때때로 흐느낀, 그리움의 언어입니다
당신을 빼닮은 삶의 몸짓입니다.

사물四物놀이 외 1편

홍 승 표

세상사 모든 매듭들이 소리로 풀어졌다

밀어 치고 당겨 치고 널브러졌다 다시 서고
하늘로 솟구치고 땅속으로 빠져들고
산山이 되고 바다가 되고 빛이 되고 어둠이 되고
아리고 저린 사연들이 뒤엉켜 포효하고
쓰러질 듯 비틀거리다가 천둥 번개로 부서지고
바람으로 떠돌다가 구름 되어 비로 내리고

육백 리 섬진강 물줄기 섬을 밀어 올린다.

꽃비

물 젖은 바람결이 알몸으로 날아든다
꽃물 든 아지랑이 같이 살자 꼬드기고
낯 붉힌 햇살 한 자락
무지개를 떠올린다

옹골찬 마디마디 잎이 나고 꽃이 핀다
불현듯 은밀하게 새살 돋는 가슴앓이
쓸어도 스러지지 않는
숨결 같은 사랑 하나

내 심장 멎을 듯한 그런 사랑 찾아들면
너를 위해 살고 싶다 너를 위해 죽고 싶다
가슴 끝 저려 오는 그리움
꽃비 후두둑 쏟아진다.

내가 버린 쓰레기의 책임을 져야 외 1편

홍 인 숙

하루는 멀고 내일은 가까워
지는 오후의 시간들
우편물이 따르릉 노크할 때
무심히 여니
문밖으로 누런 봉투가 보여
얼른 주워 들어
문 닫고 꼬옥 안아 들이며
펼쳐 내용을
읽어 내리는데 어디서 많이
본 듯한 풍경이다
화진포의 자연사 박물관의
쓰레기 더미의
물끄러미 쌓인 비닐봉지의
각종 식품이다
먹지 못하고 쳐다만 보는
북극에 백곰의
표정이 씁쓸한 모습은 시간이
가도 뇌리에
담겨 여행도 좋지만 환경은
더욱더 내가 버린
쓰레기의 책임을 져야 한다는
생각이 미친다.

거침없이 내달린 청춘이 백발이 되고

만나면 즐겁고 헤어지면
허전해지는 친구가
그립다
학창 시절에 친구가 나이
들어 만나니 예전의
맛은 덜하다
세월이 어정쩡해서 태풍에
가는 젊음을 어쩌지
못해 저린다
자식도 좋지만 자신의 건강도
챙겨야 할 내일이
있지 않을까
위로 시어른 아래론 손자가
할미의 손길을 바랄 때
우리는 낀 세대다
거침없이 내달린 청춘의 백발이
되고 파뿌리 될 때 인생은
왜 서글퍼지나
소나무에 나이테도 세월이 영글면
동량이 되어 기와집의
서까래로 거듭나는데….

동백꽃 외 1편

황 선 호

생가슴 도려낸 청상青孀
진즉에 칼을 물고팠던 애통을
속절없이 살아온 한생애, 다 육탈하고
뚝,
뚝,
진다
그 빈자리에 바람 끝이 운다
삼키는 울음이다

모다
그 애석哀惜을 호곡號哭한다.

강설降雪

삭풍 삭도削刀 같은 삼동三冬
아랫목 따뜻한 온돌에 앉아
모로 질 녹이면
칼로 싹 베는 서슬도
입맛 다시게 살로 간다

바람이 분다
월출산 높은 봉
폴폴 쏠리는 바람.

갈대의 사랑 외 1편

황 조 한

아느작아느작
바람에 흔들리는 갈대
연연했던 지난 나의 사랑처럼
애처롭구나

흔들리다 못해
꺾어진 갈대
눈물이 솟구치는구나

먹먹한 가슴,
갈대의 흔들림, 아픔을
같이 하려

조용히 눈을 감고
'갈대의 순정'
노래에 젖는다.

10월의 어느 날

꽃으로 피어
아름다움, 향기 다 날리기 전에
폭풍이 불어와
달아나 버리네

빼앗긴 아린 마음
도심의 낙엽으로 나뒹굴고
처연한 가을비에
눈물만 흐르는가

어두운 하늘
눈길 가는 곳마다
묻혀 버린
나를 찾아 보았네

깨어난 새벽이
난만한 눈동자로
일어설 채비를 한다.

눈물 외 1편

황 주 철

누구든지
마음의 눈물

그대를 위한 사랑의 눈물
가슴 저리는 눈물

내 가슴에
한 바가지
두 바가지 눈물…

눈물이
냇물이 될 줄 몰랐습니다.

겨울

봄 여름 가을 정이 많이 들었지
얼굴과 얼굴 사이
사라져 버린 아쉬움도 있고
그렇게 겨울은 오고 말았다

그렇게 좋았던 인가의 관계도
연기처럼 사라지고
찬바람 불고 늦가을도 인사를 하였다

겨울은 누군가가 어둡다고 하였나
총총히 겨울의 회색빛
하늘 속으로 들어가면
별의 천국을 만나겠지

허전해진 오후 눈 둘 곳을 찾자
초록빛 달고 어둠의 색소를 벗어
밤, 달 겨울의 밤
목 없는 달빛에 묻어 보자

겨울바람도 휘몰아
낙엽들이 쏟아져 찾아온 밤

나의 슬픔이 아니라
겨울의 하늘빛 한겨울.

한국시인연대상 운영에 관한 세칙

한국시인연대 제17대 임원

한국시인연대상 운영에 관한 세칙

1. 시상 일시
   본상은 매년 1회 5월에 시상하는 것을 원칙으로 한다.

2. 심사위원
   ① 본상의 심사위원은 5인 이내로 구성한다.
   ② 당해년도의 본 협회 회장단 및 사무국장은 심사위원이 될 수 없다.
   ③ 심사위원은 회장단과 사무국장의 협의를 거쳐 회장이 위촉하며 수상자 결정까지 그 명단을 공개하지 않는다.

3. 수상 후보자
   ① 수상 후보자는 문단 등단 10년 이상인 분으로서 심사 대상 기간 중 창작 시집을 간행한 분을 대상으로 한다.
   ② 본상을 수상했던 분은 다시 수상 후보자가 될 수 없다.

4. 수상 대상 기간
   기간은 각년도 1월부터 12월까지 1년 동안으로 한다.

5. 수상자 선정
   ① 수상자는 약간 명으로 한다.
   ② 수상자는 심사위원 전원의 합의에 의해 결정하며 합의되지 못할 때에는 다수결로 할 수 있다.

6. 시상
   수상자에게는 본협회 소정의 상품과 상패를 수여한다.

7. 기타
   본 세칙은 1993년도부터 시행한다.

(사)한국시인연대 제17대 임원

회　　장　박현조

고　　문　이진석

부 회 장　이명우 박대순 박영춘
　　　　　정진덕 진진욱 홍계숙

이　　사　안숙자 오병욱 이지언
　　　　　이한식 정윤숙

중앙위원　강인숙 구춘지 박화배

사무국장　최완욱

한강의 시인

초판발행 / 2024년 9월 23일
지은이 / (사)한국시인연대 박현조 외
펴낸이 / 김명덕
펴낸곳 / 한강출판사
홈페이지 / www.mhspace.co.kr
등록 / 1988년 1월 15일(제8-39호)
주소 / 서울시 종로구 인사동11길 16, 303호
전화 02) 735-4257, 734-4283 팩스 02) 739-4285

값 35,000원

ISBN 978-89-5794-570-4 03810

※저자와의 협약에 의해 인지는 생략합니다.